Les petits points

Plus de 20 ouvrages à broder

ANNA PEARSON

LES PETITS POINTS

Plus de 20 ouvrages à broder

Photographies de Tim Imrie

ARTS D'INTÉRIEURS
ARMAND COLIN

DMC

Publié pour la première fois en Grande-Bretagne
en 1997 sous le titre «Traditional Needle Arts :
Needlepoint» par Mitchell Beazley, un département
de Reed Consumer Books Ltd, Michelin House,
81 Fulham Road, Londres SW3 6RB

Traduction-adaptation d'Anne-Marie Hussein

ISBN : 2-84229-024-0
Code éditeur : I00024

Dépôt légal : février 1997
1re édition

Stylisme et direction de la photographie :
Deena Beverley
Photographies : Tim Imrie
Conception graphique : Ruth Prentice
Diagrammes : Helena & Raymond Turvey
Direction artistique : Gaye Allen
Imprimé et relié à Hong Kong
Produit par Mandarin Offset
Achevé d'imprimer en décembre 1996

Les couleurs des codes accompagnant les grilles
sont aussi proches que possible de celles
des écheveaux, mais l'existence de très légères
différences est inévitable.

Les éditeurs seraient reconnaissants à toute personne
qui leur donnerait une information supplémentaire
pour une future mise à jour de cette édition.

Sommaire

INTRODUCTION	7
AVANT DE COMMENCER	13
COUSSINS	25
Parterre	27
Motif florentin de Frédéric	30
Le léopard de Léopold	37
Les rubans de Vicky	40
Tulipe	44
TABLEAUX ET MARQUOIRS	49
Panneau à motifs de Delft	50
Chat en broderie de Berlin	54
Bouquet rustique	58
Marquoir victorien	62
TAPIS	73
Tapis miniature	75
Tapis écossais	78
Tapis au tigre et au lion	85
GARNITURES ET ACCESSOIRES	91
Chaise victorienne	92
Pare-feu	96
Chemin de table	100
Embrasses	107
Boîte au coquillage	111
Nécessaire de broderie	114
Pochette fleurie	121
CARTES DES COULEURS DMC	124
REMERCIEMENTS	128

Introduction

L'histoire de la tapisserie à l'aiguille remonte à une époque très ancienne. Grâce à l'apparition, au XVIe siècle, du petit point exécuté sur canevas unifil, les pièces anciennes se sont avérées si durables que beaucoup d'entre elles sont parvenues jusqu'à nous.

Le mot de tapisserie évoque en général les grandes tentures tissées sur un métier, qui ornent les murs de nombreux châteaux. Il s'applique aussi à des pièces brodées à fils comptés sur un canevas, et c'est à ce type d'ouvrage que ce livre est consacré. Ce genre de travail a depuis longtemps des adeptes enthousiastes en Europe, en Amérique et en Australie. En France et en Angleterre l'ornementation, très variée, comportait entre autres des fleurs. Les pièces brodées servaient à décorer des garnitures de siège, des tapis, des coussins, et une variété de petits articles. L'Amérique du Nord subit des influences venues de diverses parties de l'Europe. Jusqu'à la guerre d'Indépendance, modèles et fournitures venaient d'Angleterre. Mais, après 1776, les articles français devinrent populaires, et le début du XIXe siècle vit fleurir la mode des broderies de Berlin.

Dans les ouvrages traditionnels au petit point, le canevas est entièrement recouvert par la broderie. Bien que l'habitude d'exécuter des marquoirs en laine ait été répandue, les pièces les plus anciennes que nous possédions sont des tapis de table et des coussins. Ces derniers constituaient alors une partie importante de l'ameublement, car, au XVIe siècle, il n'y avait la plupart du temps qu'un seul siège dans les maisons, même dans celles des riches, et il était réservé au maître des lieux, le reste de la maisonnée se contentant de bancs très durs. Les coussins figurent donc en bonne

À GAUCHE : La faïence de Delft, représentée sur ce panneau qui porte la date de 1715, illustre la vogue que connaissait à l'époque la porcelaine de Chine. Tout d'abord importée, elle était très coûteuse, mais elle fut vite copiée en Hollande et dans de nombreuses régions de Grande-Bretagne.

CI-DESSOUS : Cette ornementation au point florentin, pour laquelle on a fidèlement reproduit les teintes de l'original, prouve que, contrairement à ce que l'on a tendance à penser de nos jours, couleurs vives et dessins vigoureux étaient appréciés autrefois.

place dans les inventaires de mobilier qui sont parvenus jusqu'à nous. Il en va de même des tapis de table, dont la mode se développa pour pallier la rusticité de meubles souvent très primitifs.

Jusqu'au XVIe siècle, les tapisseries à l'aiguille avaient surtout répondu aux besoins de l'Église. Parmi les documents conservés en Angleterre, une charte octroyée par la reine Élisabeth Ire en 1561 atteste de l'existence d'une Compagnie des brodeurs de Londres, mais on a des raisons de penser que cet organisme existait depuis longtemps déjà. On sait aussi que Marie Stuart, qui devint reine d'Écosse à la mort de François II, avait été initiée à l'art du petit point à la cour de son époux, où elle avait passé son enfance, par sa belle-mère Catherine de Médicis. Un couvre-lit qui se trouve à Parham Park, dans le Sussex, est supposé être l'œuvre des deux femmes dont l'une aurait exécuté les broderies en soie enrichies de fil d'or et de perles, et l'autre les parties au point de Hongrie.

Plus tard, il y avait habituellement dans les demeures riches au moins un brodeur professionnel, qui aidait les dames à composer les ouvrages et prenait part à l'exécution des plus grands d'entre eux. L'évolution des modes et la disponibilité sur le marché d'articles tout faits commanda de toute évidence les besoins en ce qui concernait l'ornementation des textiles destinés à l'ameublement.

C'est ainsi que, vers 1660, le noyer prit la place du chêne. Ce bois présentait de nombreux avantages. Extrêmement décoratif, il pouvait prendre la forme de ronce de noyer. Cette évolution, qui eut des conséquences importantes et entraîna en particulier la transformation des tapis de table en tapis de sol, est reflétée dans la peinture : dans les portraits du XVIe siècle, le sujet est souvent placé à côté d'une table couverte d'un tapis, tandis que dans ceux du XVIIe, cet objet se trouve généralement sous les pieds du personnage. Le rôle de ces accessoires reste le même, celui de symboliser la richesse, le goût et la culture de la personne représentée.

Avec l'apparition du capitonnage, les sièges devinrent de plus en plus confortables. Les fauteuils à oreilles firent leur apparition vers la fin du XVIIe siècle et au début du XVIIIe. Les musées et les châteaux en possèdent encore de superbes exemples à motifs floraux et florentins, dont l'état est excellent.

L'examen de ces meubles révèle que le canevas utilisé pour en broder les garnitures était d'une grande finesse. Cela devrait nous faire réfléchir, à une époque où l'on se refuse à travailler sur des canevas de petit calibre, malgré des conditions de travail (éclairage, loupes) bien meilleures qu'autrefois. Les teintes vives étaient par ailleurs très appréciées. On se trompe trop souvent en considérant qu'un ouvrage n'a un air authentique que si ses teintes sont douces. Il suffit de regarder l'envers de pièces anciennes ou les zones restées à l'abri de la lumière, pour se rendre compte de l'audace du goût d'alors en ce qui concerne les couleurs.

Les tentures destinées au lit du seigneur et de la dame constituaient d'importants ouvrages. Jusqu'à la fin du XVe siècle, les fenêtres étaient rarement garnies de vitres et il était donc indispensable d'entourer les lits de lourds rideaux. Ceux-ci offraient une protection contre les courants d'air et préservaient l'intimité des occupants dans des salles qui étaient alors communes.

À la fin du siècle, le velours importé d'Italie fit son apparition en Angleterre et donna lieu à une ornementation spéciale faite de motifs brodés sur canevas, découpés et appliqués sur le tissu. L'avantage était double : plus souple que le canevas brodé, le velours décoré de motifs appliqués se drapait beaucoup plus facilement, et l'exécution d'un couvre-lit exigeait moins de travail.

Au XVIIIe siècle la mode fut à l'acajou, qui, sculpté de fleurs, de fruits, de singeries et de chinoiseries, était spectaculaire. La peinture, la dorure, la marqueterie, l'utilisation du marbre conféraient aux meubles un caractère suffisamment décoratif pour que les

CI-DESSUS : *La grille qui a servi à cette ornementation florale, exécutée à l'origine avec des perles, avait été établie pour une broderie de Berlin. Ce type d'ouvrage connut une grande vogue en Angleterre et en Amérique pendant la seconde moitié du XVIIIe siècle.*

CI-DESSOUS : Le dessin de ce coussin a été emprunté à la collection d'échantillons rassemblée au début du XIXe siècle par Mary Dowell, qui en avait fait un immense marquoir. Les brodeuses exécutaient ce genre de pièce pour essayer des points ou des motifs nouveaux, et aussi pour prouver leur savoir-faire.

garnitures de tissu deviennent inutiles. Les brodeuses exercèrent donc leurs talents sur des paravents, des pare-feu, et des petits objets – bourses, pelotes à épingles, etc. Elles puisaient leur inspiration dans des albums de motifs floraux et animaliers, publiés à leur intention.

Les ouvrages de ce livre datent en grand nombre de cette période ou s'en inspirent. C'est, par exemple, le cas du tableau à motifs de Delft, daté de 1715, ainsi que du tapis miniature, qui est une copie du tapis d'Axminster exposé à Harewood House, dans le Yorkshire.

Au XIXe siècle, ce fut au tour de la broderie de Berlin de connaître une grande vogue. La révolution industrielle bouleversait l'organisation du travail. Alors que les hommes, qui avaient jusqu'alors exercé leur profession à domicile, trouvaient des emplois dans les usines ou les bureaux, les femmes voyaient leurs heures de loisir augmenter, tandis que des revues et des journaux contenant des modèles de broderies et de travaux d'aiguille à copier faisaient leur apparition dans le commerce.

Certains indices facilitent la datation des ouvrages exécutés d'après ces modèles. L'utilisation, à partir de 1850, de la teinture à l'aniline constitue l'un d'entre eux ; le type de fleur servant de modèle, un autre. La mode des jardins d'hiver aménagés à l'intérieur des édifices publics à la fin du XIXe siècle ayant en effet facilité la culture des plantes exotiques, les orchidées et les nénuphars ne tardèrent pas à remplacer les roses et les parterres, extrêmement populaires jusque-là. L'utilisation de perles pour broder des compositions entières (voir le Bouquet rustique sur papier perforé, page 58), ou pour en souligner les contours principaux, est également très représentative de l'époque.

Au tournant du siècle, le mouvement Arts and Crafts joua un rôle important en contribuant à l'amélioration des dessins. C'est à cette époque qu'en Angleterre, la princesse Christian de Schleswig-Holstein, fille de la reine Victoria, présida à la fondation de la Royal School of Needlework (École royale d'ouvrages à l'aiguille), ce qui explique que la plupart des coussins présentés dans ce livre portent les noms des enfants de la souveraine britannique. Imitée en Amérique, une telle initiative suscita l'activité d'organismes comme l'American Needlepoint Guild (École d'ouvrages à l'aiguille) du musée des Beaux-Arts de Boston, qui s'efforça de promouvoir cette forme d'artisanat outre-Atlantique.

Le type d'articles confectionnés à l'aide de la broderie à fils comptés et le style de leur ornementation ont, de tout temps, été étroitement liés aux besoins et aux modes ainsi qu'aux matériaux disponibles. Cela est toujours vrai aujourd'hui, alors que les personnes désireuses de poursuivre une activité de loisir qui ne nécessite pas un équipement complexe forment un groupe important.

CI-DESSUS : Après la restauration qui remit Charles II sur le trône d'Angleterre en 1660, la vogue que connut l'ameublement en noyer entraîna l'abandon des tapis de table qui se transformèrent en tapis de sol. Les carreaux qui constituent l'ornementation de celui qui figure ici ont toujours été extrêmement populaires.

Si vous partagez ce goût mais que votre expérience dans le domaine de la broderie reste limitée, vous aurez avantage à participer à l'un des nombreux stages organisés pour les débutants. Vous y apprendrez à exécuter les points de base, ou vous y perfectionnerez votre technique. En France, le musée de Cluny, situé à Paris, vaut la visite pour les magnifiques collections de textiles et de tapisseries qu'il possède.

Il ne me reste plus qu'à souhaiter que ce livre vous plaise, soit que vous décidiez de copier fidèlement les ouvrages qui y figurent, soit que vous préfériez les adapter, ou encore que vous vous contentiez d'admirer les superbes photographies qu'il contient.

Avant de commencer

L'exécution d'une tapisserie à l'aiguille est une œuvre de longue haleine et, pour en tirer du plaisir et obtenir des résultats satisfaisants, il faut apporter beaucoup de soin au choix des matériaux que l'on utilise.

La liste des fournitures et l'ordre dans lequel elles doivent être utilisées sont donnés pour chaque ouvrage. Suivez-les à la lettre, sinon les dimensions de l'ouvrage seront modifiées et il vous faudra changer la grosseur du fil utilisé pour le broder.

ÉLÉMENTS DE BASE

Canevas

La plupart des canevas de bonne qualité sont en pur coton.
Le calibre des canevas est indiqué par des chiffres (16, 20, 24) qui correspondent au nombre de fils. Plus ce chiffre est petit, plus les mailles sont grandes. Tous les ouvrages qui figurent dans ce livre ont été exécutés sur des canevas unifil n°s 14, 16, 20 ou Pénélope n°s 20, 24. Le calibre des canevas à utiliser pour obtenir des ouvrages aux dimensions similaires à ceux dont la photographie figure dans le livre est indiqué dans chacun des cas.

Le canevas se présente sous deux formes principales : le canevas double fil dit Pénélope, et le canevas unifil. Tous deux ont une trame régulière. Le canevas utilisé pour tous les ouvrages présentés dans ce livre est un canevas de coton unifil.

En Angleterre, il existe un canevas à maille bloquée. Si vous vous en êtes procuré, ne cédez pas à la tentation de l'utiliser. Il vous paraîtra très semblable au canevas ordinaire, mais vous observerez qu'à chaque croisement les fils sont entrelacés plutôt que passés les uns sur les autres. Il est donc presque impossible de l'étirer au moment de la remise en forme, même en insistant. L'ouvrage terminé n'a aucune élasticité et, dans le cas où vous auriez l'intention d'en faire une garniture de siège, un fil risquerait de casser et de procurer un trou.

Le canevas existe généralement en blanc ou en écru – appelé aussi antique. Le choix entre les deux est une question de goût mais, le canevas antique est plus approprié aux teintes sombres, et le blanc convient mieux aux tons pâles.

Le canevas existe en plusieurs largeurs, 68 cm et 100 cm étant les plus courantes. On en trouve également en 136 cm, bien adaptés aux tapis et aux tentures à exécuter en un seul morceau. (Voir les indications supplémentaires dans le chapitre consacré aux tapis, pages 72-89.) Lorsque vous couperez le canevas, vous prendrez soin de

À GAUCHE : *La gamme des fils disponibles sur le marché est extrêmement variée. Il ne fait cependant pas de doute que la laine soit le matériau le plus durable.*

prévoir une marge de 5 cm tout autour de la partie à broder. Avant de commencer le travail, vous vous assurerez qu'il ne s'effilochera pas, soit en faisant une double rangée de piqûres à la machine le long des bords, soit en protégeant ceux-ci avec du ruban adhésif.

FILS

La laine a certainement l'avantage de la durabilité. Sur les pièces anciennes, les points exécutés avec ce matériau ont survécu, alors que ceux faits avec de la soie ont disparu. La laine est donc recommandée pour les garnitures de meuble et les tapis, le coton donnant de très beaux résultats pour les pièces décoratives – tableaux et pare-feu – qui ne seront pas exposées à des frottements répétés.

Chaque ouvrage de ce livre a été conçu de manière à être aussi fidèle à l'original que possible, compte tenu des laines disponibles aujourd'hui. D'autres fils ont été suggérés lorsque cela semblait possible.

Afin d'éviter des confusions résultant des différences d'épaisseur existant entre les fils disponibles, le terme de brin a été utilisé pour indiquer les quantités à utiliser (qu'il s'agisse de laine ou de coton). Il désigne le filament le plus mince que l'on puisse isoler facilement.

Pour la plupart des ouvrages (sauf les copies de pièces anciennes pour lesquelles des grilles ont été établies), les quantités de fil indiquées correspondent à l'exécution de la broderie sur un canevas de calibre spécifique. Si vous utilisez un canevas d'une grosseur différente, vous devrez refaire tous les calculs. La tension du fil différant d'une personne à l'autre, vous aurez intérêt pour cela à broder un carré de 2,5 cm de côté au point choisi. Une simple règle de trois vous permettra alors d'évaluer la quantité de fil nécessaire. On considère approximativement qu'un écheveau de 25 g de laine suffit à une broderie de 15 cm de côté au petit point (voir page 20) sur un canevas n° 20 ; avec le point florentin, la même quantité ne permet de couvrir qu'un carré de 13 cm de côté, à cause du brin supplémentaire qui est nécessaire si l'on veut que le canevas soit parfaitement couvert.

En ce qui concerne la laine utilisée pour exécuter le fond, il est judicieux de s'en procurer au début une quantité largement suffisante, car la couleur change d'une manière perceptible d'un bain à l'autre, ce qui se voit inévitablement.

Laine Médicis DMC

Les ouvrages qui figurent dans ce livre ont été exécutés avec la laine à broder Médicis de DMC. C'est une laine 100 % vierge, traitée antimite.

CI-DESSUS : Canevas n° 14.
À DROITE : Le canevas utilisé pour les marquoirs doit être fin car une grande partie est laissée nue.

Elle est souple, très agréable à travailler et d'une finesse qui permet de réaliser les motifs les plus délicats.

Elle ne comporte qu'un seul brin dont on a combiné un nombre qui varie suivant les cas, afin de toujours assurer une bonne couverture du canevas. Ce nombre est indiqué pour chaque ouvrage. Si vous changez de marque de laine ou de calibre de canevas, faites des essais pour trouver le nombre de brins permettant de couvrir le canevas, compte tenu de la tension du fil qui vous est propre. Dans le cas de laines sombres, il vous faudra peut-être employer un brin supplémentaire afin que la trame du canevas ne se voie pas. Elle se présente sous deux formes : un écheveau de 50 g (Art. 478) et une petite échevette de 25 m (Art. 475), très utile pour broder juste quelques points ou faire des essais. Lorsque vous utilisez un canevas n° 24 ou d'un calibre supérieur, vous obtiendrez des aiguillées d'une taille appropriée en coupant ces échevettes en deux parties égales. Vous les couperez en trois pour travailler sur des canevas plus fins. La laine s'use en effet d'autant plus que les mailles dans lesquelles elle passe sont petites et, lorsque les aiguillées sont trop longues, elle devient trop mince pour couvrir le canevas.

La laine à broder Médicis de DMC était à l'origine destinée à l'exécution des tapis et des tentures produites par la manufacture d'Aubusson. La gamme des couleurs comporte 180 nuances traditionnellement utilisées pour les pièces de style ; les teintes terre cuite sont particulièrement heureuses.

Mouliné Spécial DMC
Les fils DMC ont été utilisés pour tous les ouvrages réalisés en coton. Ce sont des fils à six brins, facilement divisibles, et qui se présentent en échevettes de 8 m.

Avant de prélever une aiguillée sur l'échevette, observez le dessin sur l'une des deux bagues en papier qui l'enserrent. Il indique comment tirer sur le fil avec la main droite pendant que l'on tient l'échevette avec la gauche. Coupez des aiguillées d'une cinquantaine de centimètres. Pour enfiler votre aiguille, introduisez toujours l'extrémité du fil que vous venez de couper dans le chas, vous éviterez ainsi qu'il ne vrille.

Vous pouvez couper toutes les aiguillées avant de commencer à travailler. Certains des points de ce livre nécessitent l'utilisation d'un nombre de brins différent de six. C'est, par exemple, le cas de la tulipe au point florentin de la page 44. Son exécution en demande neuf, et la manière la plus économique consiste à préparer trois aiguillées et à répartir les brins de la troisième dans les deux premières. Pour les ouvrages demandant quatre brins, en coupant deux longueurs de fil, vous aurez de quoi faire trois aiguillées.

Le Mouliné Spécial a besoin d'être préparé avant usage : une fois les morceaux de fil coupés à la longueur voulue, assemblez le nombre correct de brins, et nouez-les ensemble à une extrémité. Placez ce nœud entre l'index et le médium de votre main gauche, et laissez pendre les brins vers l'avant, dans la direction de votre pouce. Prenez ensuite l'aiguille avec la main droite et, avec la pointe, séparez les différents brins en les laissant retomber l'un après l'autre sur le dos de votre main gauche (le nœud que vous avez fait en aura maintenu les extrémités ensemble). Une fois l'opération terminée, enfilez votre aiguille. Vous remarquerez que le fil se place très bien sur le canevas et le couvre parfaitement. Si vous voulez avoir la preuve de l'efficacité de cette opération, préparez un morceau de fil à six brins et comparez ensuite celui-ci à un morceau directement prélevé sur l'écheveau.

Coton Perlé DMC
Les numéros indiqués dans ce livre correspondent à des cotons fabriqués par DMC. Il s'agit de fils à un brin, caractérisés par une légère torsion. Ils existent en plusieurs grosseurs.

Relativement gros, le n° 3 donne de bons résultats avec les canevas unifil n°s 14, 16 et 20. Le n° 5 convient aux canevas Pénélope n°s 20 et 24. Il se présente en écheveaux de 25 m et en pelotes de 48 m. Il est à utiliser tel quel. Enlevez les deux bagues de papier qui enserrent l'écheveau, détordez celui-ci et coupez-le en deux endroits, près du nœud qui maintient les fils en place et à l'opposé de ce nœud. Vous obtenez deux faisceaux de fils égaux. (Note : Le nombre de brins à utiliser n'est pas donné pour les ouvrages anciens originaux. C'est au lecteur de le choisir selon les fournitures retenues. D'une façon générale, pour un canevas n° 20, il est conseillé d'utiliser trois brins, et pour un canevas n° 24, deux brins.)

AIGUILLES

Utilisez des aiguilles à tapisserie à bout rond.

N° AIGUILLE	N° CANEVAS
18	unifil 14
20	unifil 16, 20
22	Pénélope 20, 24
24	Pénélope 24

Ces aiguilles sont disponibles en paquets de tailles mélangées, ou en lots d'une même taille. Ce dernier conditionnement convient mieux à l'exécution des ouvrages de ce livre dont la plupart nécessitent des aiguilles n°s 20 et 22.

CISEAUX

Il vous faudra deux paires de ciseaux : des ciseaux à broder pointus et des ciseaux plus grands pour couper les écheveaux de fil.

MÉTIERS

Un métier est indispensable à la broderie sur canevas, car il assure une tension uniforme du fil et évite la déformation de l'ouvrage. Il existe plusieurs types de métiers, mais la solution la plus simple consiste à utiliser les montants avec lesquels les peintres confectionnent les châssis de leurs toiles. On les trouve dans les magasins de fournitures pour artistes, où ils se vendent par paires de longueurs variées dont les éléments s'emboîtent simplement. Ils sont réutilisables et peuvent être assemblés de diverses façons. Pour un ouvrage de grandes dimensions, utilisez un métier dont la taille ne dépasse pas 45 cm^2, et déplacez-le de zone en

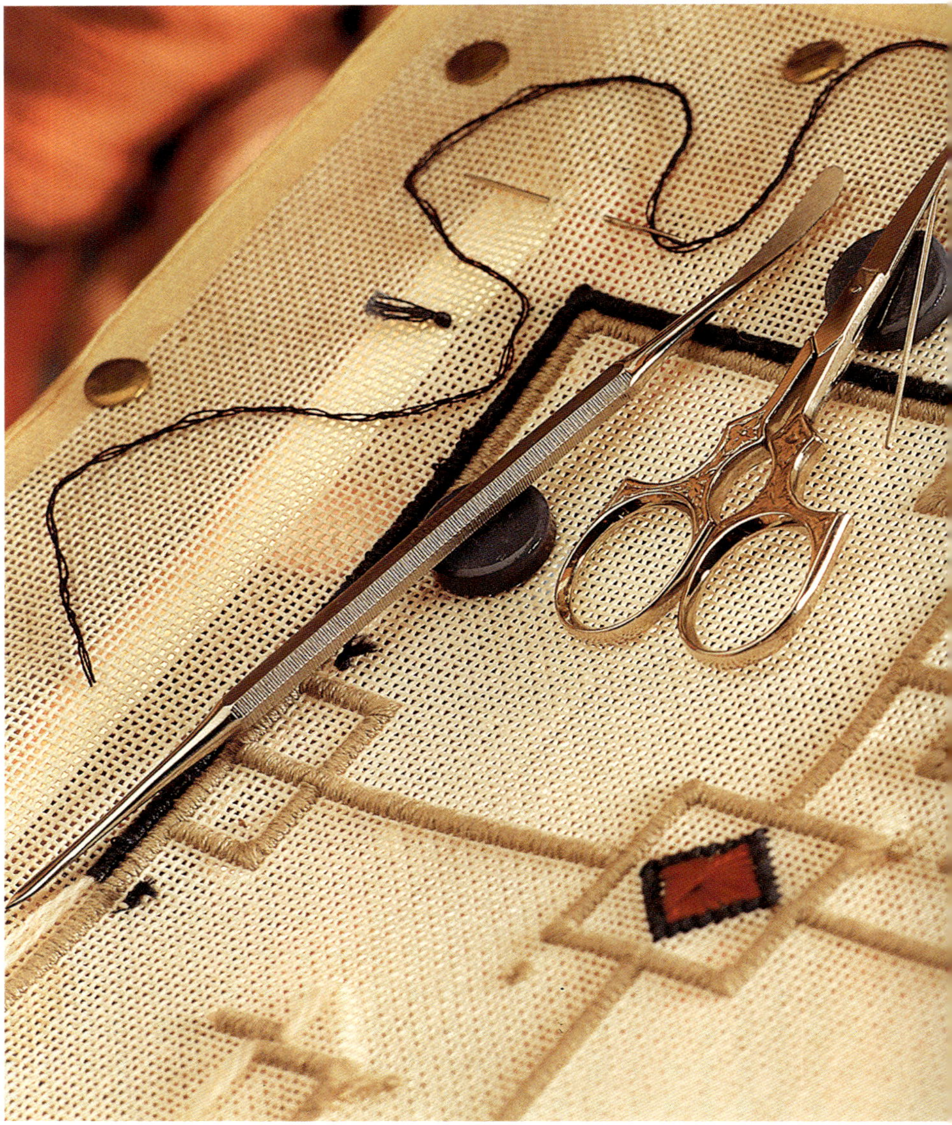

À DROITE : Métier, ciseaux, plots magnétiques contribuent au plaisir de la broderie.

zone à mesure que vous brodez. Tendez bien le canevas et, si vous utilisez un châssis, fixez-le avec des punaises plutôt qu'avec des agrafes, afin de pouvoir corriger la tension.

AUTRES MATÉRIELS

Définissez d'abord vos besoins essentiels avant de penser au superflu. C'est parfois ce qui coûte le plus cher, mais si certains outils vous permettent

d'obtenir de meilleurs résultats, tâchez d'inclure ces accessoires dans votre budget. De tout ce que vous investissez dans la broderie, votre temps est ce qu'il y a de plus précieux. Donnez-vous les moyens d'employer au mieux ce capital irremplaçable. Certains objets sont particulièrement pratiques. Parmi eux, on peut citer :

Enfile-aiguille en métal : Il comporte deux sortes de chas, un pour la laine et un pour les fils plus fins (évitez ceux en fil de fer pour le fil à coudre, ils se cassent au premier usage).

Plots magnétiques : on en trouve de formes variées. Certains sont très aimantés et ne laissent aucune trace sur les tissus délicats. Placez-en un en haut de votre travail et un en bas, et faites-y adhérer vos instruments.

Égalisateur : Cet outil sert à égaliser les fils. Il est précieux pour la broderie exécutée au point florentin, avec du Coton Perlé DMC.

Lampe : Il est essentiel d'être bien éclairé pour broder. Une petite lampe dont le faisceau peut être dirigé sur le travail est très utile. Il existe aussi des lampes-loupes extrêmement pratiques, à poser sur le sol ou sur une table, ou à fixer par une pince. L'espace dont vous disposez et vos moyens financiers détermineront votre choix.

Métier à pied : Il en existe de tailles et de formes différentes. Avant de faire votre achat, définissez bien vos besoins et, si possible, essayez le matériel. Mes préférences vont aux modèles métalliques. Je vous conseille de veiller à ce que la hauteur en soit modifiable, car vous pourrez ainsi vous asseoir sur n'importe quelle chaise pour travailler. Vous trouverez également pratique le fait que le pied se trouve tourné vers l'un des côtés : vous n'aurez ainsi qu'à repousser le métier lorsque vous aurez besoin de vous lever, et il vous sera aussi facile de tourner l'envers du travail vers vous pour arrêter les fils. De plus, si vous désirez changer d'ouvrage, vous pourrez le faire très rapidement.

PRÉPARATION

Dans certains cas, il vous semblera plus pratique de jalonner votre canevas, c'est-à-dire d'y indiquer certains repères par des lignes tracées au crayon, avant de commencer à broder. C'est ce qui a été suggéré dans le cas des ouvrages suivants : Motif florentin de Frédéric (voir page 30), Nécessaire de broderie (voir page 114) et Tapis écossais (voir page 78). Pour tracer les lignes droites qui serviront de repères, utilisez un crayon à mine très dure dont la pointe glissera facilement dans l'espace séparant deux fils du canevas. Pour tracer les contours curvilignes de motifs comme ceux utilisés pour le Chemin de table de la page 100, servez-vous d'un stylo à encre indélébile à plume fine.

De toute façon, livrez-vous à des essais préalables. L'apprêt dont le canevas est imprégné risque d'absorber l'encre et de la transmettre au fil de broderie. Après avoir tracé des lignes sur un échantillon, laissez sécher, puis mouillez le canevas et tamponnez-le avec du papier ménager. Si des traces d'encre apparaissent, c'est que le produit utilisé ne convient pas au canevas choisi.

Ne faites jamais de marque sur un canevas lorsque le décor que vous projetez doit comporter un fond ajouré ou un espace vierge. Dans ce cas, pour le Marquoir victorien (voir page 62) par exemple, indiquez le milieu de l'ouvrage à l'aide d'un faufil, et ne tracez de lignes que sur l'extrême bord du canevas qui sera éventuellement coupé.

UTILISATION DES GRILLES

Bien qu'établies pour des canevas d'un calibre spécifique, les grilles de ce livre peuvent être utilisées avec un matériel différent. Si tel est le cas, il vous faudra calculer la quantité de canevas à acheter. Pour ce faire, comptez les points de la grille (horizontalement et verticalement), puis divisez les nombres obtenus par le nombre de points par 2,5 cm que le canevas choisi comporte. Si, par exemple, votre grille comporte 180 x 360 points et que vous voulez l'utiliser avec un canevas n° 24, les dimensions de l'ouvrage que vous obtiendrez seront de 26 x 51 cm. Ajoutez à cela la zone nécessaire pour le fond et une marge de 5 cm tout autour de la broderie, vous obtiendrez ainsi la superficie requise.

Les couleurs indiquées ont été assorties avec soin à celles des pièces originales. Les broderies anciennes ont cependant tendance à ternir sous l'effet du soleil et même de l'usure. Vous pouvez employer des teintes plus vives si vous le désirez.

Les quantités de fils ont été indiquées dans la mesure du possible. Dans le cas où vous modifierez les ouvrages présentés, elles dépendront naturellement de la grosseur de votre canevas et de la dimension de la zone que vous avez décidé de reproduire. La tension du fil varie d'un individu à l'autre, c'est donc là aussi un facteur à prendre en compte. Pour une estimation fiable, réalisez un échantillon carré de 2,5 cm de côté et calculez la superficie des zones occupées par chaque couleur.

Les grilles sont toutes accompagnées d'un code comportant les numéros de référence des couleurs : *DMC/LM* ; *DMC/MS* ou *DMC/CP*. *LM* = Laine Médicis ; *MS* = Mouliné Spécial ; *CP* = Coton Perlé.

RENOUVELLEMENT D'UNE AIGUILLÉE

Pour débuter une aiguillée, faites un nœud à l'extrémité du fil, piquez votre aiguille à 4 cm à droite du point où vous voulez commencer à broder, laissez courir le fil jusqu'à celui-ci, sur l'envers de l'ouvrage, et brodez en l'emprisonnant dans les premiers points que vous exécutez. Coupez le nœud quand vous l'atteignez. Pour terminer une aiguillée, glissez le fil sous quelques-uns de vos derniers points, sur l'envers du travail.

Cette méthode ne peut être appliquée aux points ajourés car les rangées doivent y être continues, et doivent être commencées ou terminées par des points et non par des trous. Elle demande d'autre part à être adaptée pour le petit point (voir les instructions de la page 20).

PASSEMENTERIE

Les ganses, tresses et glands faits avec des laines et des cotons assortis à la broderie donnent un fini très professionnel aux ouvrages.

Ganses

Il existe des petites machines avec lesquelles il est facile de les confectionner. Il est cependant possible de les faire à la main.

Choisissez deux fils de couleurs différentes, et prélevez sur chacun un morceau cinq fois aussi long que la ganse que vous voulez confectionner. Nouez les fils ensemble aux deux extrémités, et égalisez-en les bouts. Tournez le faisceau de fils pour changer la place des nœuds, puis glissez un crayon dans chacune des boucles qui se trouvent maintenant aux extrémités. En prenant soin de garder les fils constamment tendus, tordez-les en tournant les crayons à la même vitesse, dans des directions opposées. Lorsque vous jugez la torsion suffisante, saisissez les nœuds et demandez à quelqu'un de tenir les crayons. Lâchez lentement le faisceau de fils. Tordez-en les premiers centimètres dans le sens contraire à celui des aiguilles d'une montre, puis continuez à le lâcher 5 cm par 5 cm, en lissant les fils. Ils se tordront et prendront la forme d'une ganse.

Si vous avez besoin de deux ganses semblables, notez la quantité de fil utilisé pour la première, ainsi que le nombre de tours donnés.

Tresses

Le modèle à huit brins convient particulièrement bien aux coussins et aux garnitures de siège. Dans ce cas, les fils devront avoir une longueur triple de celle de la tresse que vous désirez obtenir. Ils seront de une, deux ou quatre couleurs, mais devront avoir tous la même épaisseur.

Rassemblez tous les fils, alignez-en les extrémités et pliez-les en deux. Liez-les avec un fil solide à l'endroit de la pliure, et accrochez le tout à un support fixe à l'aide d'une épingle de nourrice. Arrangez les fils par faisceau ne comportant chacun qu'une seule couleur, et répartissez les faisceaux de façon qu'ils s'équilibrent. Tressez les différents faisceaux de fil en ramenant ceux situés sur les bords, l'un après l'autre, vers le centre. Vous obtiendrez une tresse épaisse et plate.

Glands

Des matériaux de toutes couleurs et de toutes sortes – laine, perles, coton mouliné, fil métallique et même rubans minces – peuvent servir à confectionner des glands, pourvu qu'aucun de ces éléments ne soit coupé. La méthode indiquée ici est élémentaire et, bientôt, vous découvrirez comment l'améliorer en ajoutant des perles, de la dentelle, etc. Coupez un morceau de bristol de 10 cm de largeur, et d'une longueur égale à 2,5 fois celle du gland prévu. Pliez-le en deux dans le sens de la longueur, et enroulez les fils autour en partant du côté opposé à la pliure. Pour un gland multicolore, mêlez bien les fils de différentes couleurs afin d'éviter que des zones d'une seule couleur n'apparaissent. Pour confectionner plusieurs glands de la même taille, comptez le nombre de tours que vous faites avec les fils pour le premier afin d'obtenir des résultats identiques pour les suivants.

Lorsque vous jugez que les fils enroulés ont atteint une épaisseur suffisante, liez-les au carton du côté de la pliure avec une aiguillée d'un fil fort assorti à l'une des couleurs du gland. Coupez-les ensuite sur le côté opposé, ce qui est facile puisque le bristol est ouvert à cet endroit.

Pour faire la cravate du gland, enroulez sur un tiers environ de sa longueur un autre morceau de fil d'environ 25 cm de long d'une couleur assortie ou contrastée. Vous obtiendrez de très jolis effets en brodant la cravate au point de bourdon, en y cousant avec une aiguille très pointue des perles, du ruban ou de la dentelle. Égalisez les fils qui forment le corps du gland et faites-les gonfler en y passant un peigne à dents très espacées.

HOUSSES DE COUSSINS

Relativement faciles à confectionner, les coussins mettent la broderie au petit point admirablement en valeur. Faites une housse en velours, montez la pièce brodée au milieu de l'une de ses faces, et encadrez le tout d'une bordure de tissu d'environ 2,5 cm de largeur.

1 Achetez un coussin un peu plus grand que la broderie d'environ 2,5 cm en largeur et en longueur. Coupez deux morceaux de tissu aux dimensions du coussin, plus 1,5 cm tout autour pour la couture.
2 Appliquez la pièce brodée au milieu de l'un des morceaux de tissu. Cousez-la à la main, en rentrant soigneusement les bords.
3 Repliez sur l'envers l'un des bords des deux morceaux de tissu, sur environ 1,5 cm. Vous aurez ainsi ménagé une ouverture par laquelle introduire le coussin.
4 Placez les deux morceaux de tissu l'un sur l'autre, endroit contre endroit, en superposant les deux rentrés. Épinglez les trois côtés non repliés et assemblez-les par une couture faite à la machine.
5 Retournez la housse, introduisez le coussin, et fermez le côté resté ouvert en le cousant à la main. Cousez éventuellement une ganse tout autour.

EMBRASSES

Les embrasses sont droites (comme celle présentée page 106), ou légèrement curvilignes. Dans le second cas, elles peuvent avoir un bord festonné ou droit. Ce sont ces dernières qui se prêtent le mieux à la broderie au petit point, mais une fleur ou un petit bouquet brodé au centre de chacune des courbes d'un bord festonné font aussi très bon effet.

Une embrasse est toujours doublée d'une toile raide, coupée comme la pièce brodée. Après avoir remis celle-ci en forme, rentrez les bords de canevas vierge sous la toile raide (il vous faudra peut-être les rogner ou les cranter pour ce faire) et doublez le tout avec un tissu approprié. Une ganse d'une couleur assortie à la broderie sera extrêmement chic, tandis qu'une cordelière confectionnée avec l'une des laines utilisées pour la broderie constituera une finition très soignée. Fixez un anneau à chacune des extrémités de l'embrasse. Dissimulez celui attaché au bord avant de l'embrasse, en le cousant sur l'envers.

La position des crochets plantés sur le cadre de la fenêtre pour retenir l'embrasse doit être calculée avec le plus grand soin, de façon que le rideau ne fasse pas trop obstacle à la lumière et que les proportions entre les différentes parties du drapé soient harmonieuses. En règle générale, le bord inférieur de l'embrasse doit coïncider avec une ligne située aux deux tiers de la hauteur du rideau, calculée à partir du plafond.

Les embrasses peuvent servir à retenir d'autres rideaux que ceux qui garnissent les fenêtres. Elles conviennent, par exemple, très bien à un lit à la polonaise. Si vous voulez créer un effet particulièrement spectaculaire, faites partir les draperies d'une pièce brodée à laquelle vous donnerez la forme d'une couronne, et retenez-les à l'arrière par deux embrasses ornées de motifs coordonnés au reste du décor.

Vous n'aurez aucun mal à fabriquer la couronne qui devra être fixée sur le mur, au-dessus de la tête du lit. Ce genre d'ornement est en général fait de deux éléments, l'un étant une pièce ovale d'environ 38 x 23 cm dont le dos plat s'appuie contre le mur, et l'autre un lambrequin représenté dans ce cas par la broderie doublée de toile raide. La pièce ovale devant être accrochée assez solidement au mur pour pouvoir supporter le poids des rideaux et de la broderie, il sera prudent d'utiliser une patte de fixation. Celle-ci devra comporter un rail courbe auquel suspendre les rideaux.

Points de broderie

Vous trouverez ci-après l'explication des différents points utilisés dans la broderie sur canevas.

Petit point

Le petit point est celui dont on se sert le plus fréquemment.

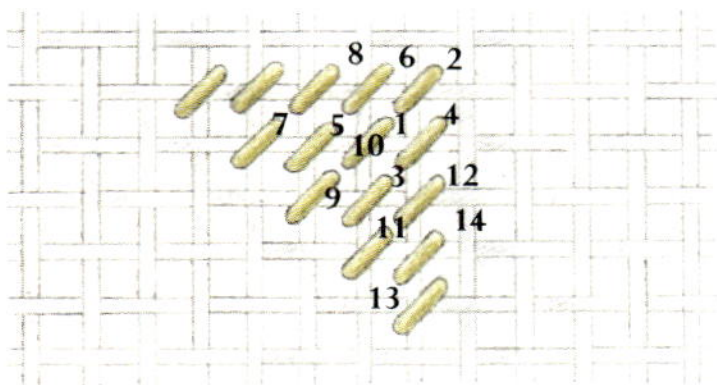

Il est utilisable pour toutes sortes d'ouvrages, quelles qu'en soient les dimensions. Il donne des résultats très durables, car le fil employé pour broder renforce celui du canevas. Il se travaille toujours en diagonale. Le canevas unifil, recommandé pour la majorité des ouvrages qui figurent dans ce livre, facilite l'exécution des points car les fils s'y croisent en passant une fois par-dessus et une fois par-dessous. En observant ces intersections, vous saurez toujours s'il vous faut cheminer de bas en haut ou de haut en bas, et vous ne ferez donc jamais la faute de broder deux rangées consécutives dans le même sens. Vous trouverez cela particulièrement pratique quand vous exécuterez des fleurs et des monogrammes.

Pour débuter et terminer une aiguillée, vous procéderez de la façon expliquée page 18, à cela près que, pour les rangées montantes, vous disposerez la queue de l'ancienne aiguillée horizontalement sur le canevas non brodé et amènerez le nouveau fil verticalement par le haut (il se trouvera enfermé dans des points verticaux sur l'envers du travail) ; pour les rangées descendantes, vous disposerez la queue de l'ancienne aiguillée verticalement sur le canevas non brodé et amènerez le nouveau fil par la droite (il se trouvera enfermé dans des points horizontaux sur l'envers du travail).

Point continental

Semblable au petit point, il sert à broder les lignes isolées, qu'elles soient verticales, horizontales ou diagonales.

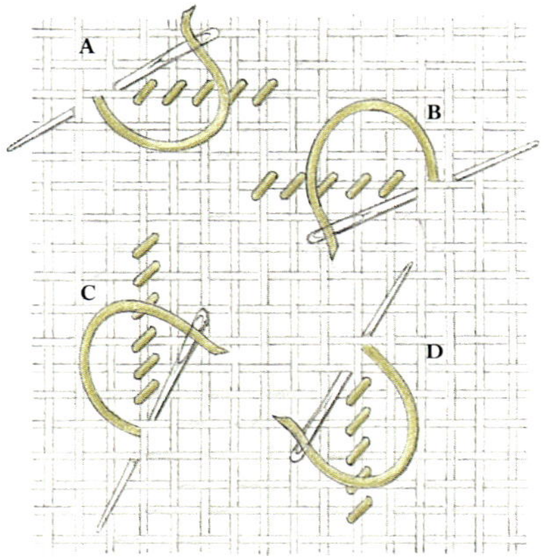

Des lignes horizontales, exécutées de gauche à droite et de droite à gauche, et des lignes verticales, exécutées de haut en bas et de bas en haut, figurent sur le croquis ci-dessus. Le point est toujours très long sur l'envers du travail. Dans le cas des diagonales, vous constaterez que, dans les rangées montantes cheminant de gauche à droite, les points se touchent, alors que dans les rangées descendantes qui cheminent également de gauche à droite, ils ne se touchent pas. Il est possible de combler le jour qui en résulte en glissant, sous les points déjà brodés et sur la droite, un fil de la même couleur que celui utilisé. Ce type de cheminement est parfois inévitable lorsqu'on brode des lettres : c'est, par exemple, le cas du deuxième jambage du A.

Point florentin

Ce point, avec lequel on réalise des zigzags en dégradés de couleurs, a toujours eu les faveurs des amateurs de broderie. Il s'exécute en brodant des groupes de points droits, les effets obtenus variant en fonction de la longueur des points et du nombre de points figurant dans un groupe. Quel que soit le calibre du canevas, il nécessite l'emploi d'un fil – laine ou autre – comportant un brin de plus que celui jugé suffisamment couvrant pour le petit point. Dans le cas où il est combiné à d'autres points, le point gobelin droit par exemple, les deux sortes de points partagent les mêmes mailles du canevas.

Point de croix

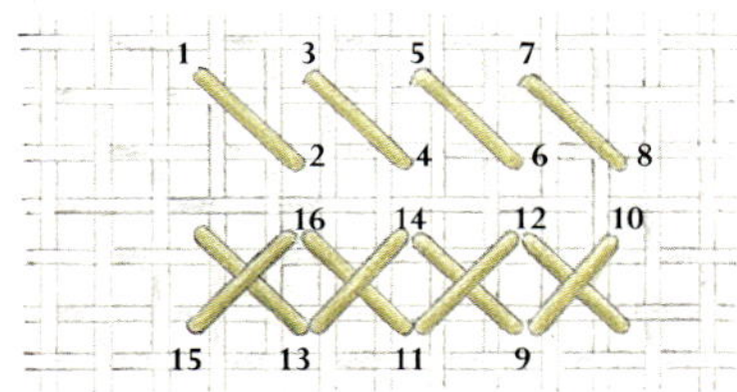

Il existe deux façons d'exécuter ce point. L'une consiste à broder une rangée de demi-points orientés de la même façon sur toute la largeur de la zone à couvrir, puis à repartir dans le sens inverse et à broder des points qui croisent les premiers à angle droit. Les points de la première rangée sont courts sur l'envers du travail, et ceux de la deuxième longs. Toute broderie réalisée avec cette méthode, qui est celle qui figure sur le croquis, est extrêmement durable. Il est par ailleurs possible de former une croix complète avant de passer à la suivante, mais on n'est pas alors aussi sûr de donner exactement la même inclinaison à tous les points de la deuxième rangée.

Point de croix asymétrique

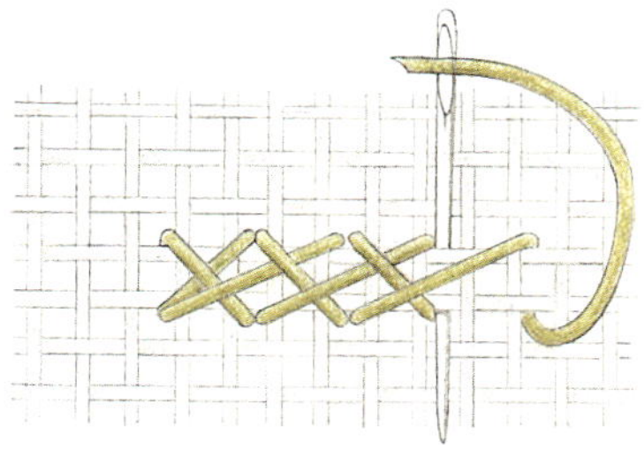

Le croquis ci-dessus montre une rangée horizontale.
Commencez à gauche par une croix ordinaire. Le fil passe verticalement sur l'envers. Terminez par une croix.

Point de riz
Il consiste en croix symétriques exécutées sur quatre fils de canevas,

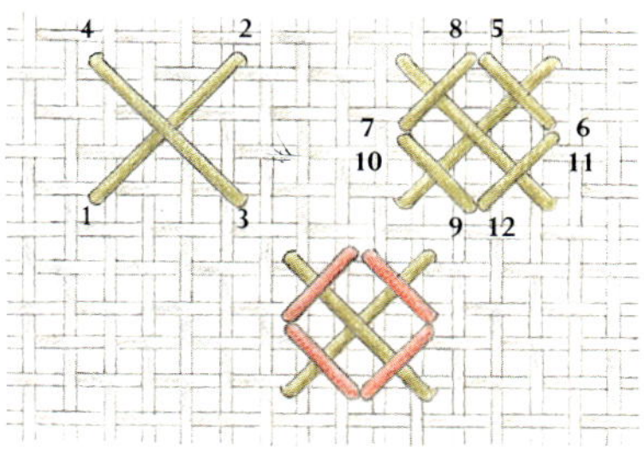

l'extrémité de chaque branche étant ensuite barrée par un point perpendiculaire. Vous broderez la seconde série de points avec un fil assorti ou contrastant, selon l'effet désiré.

Point continental oblique

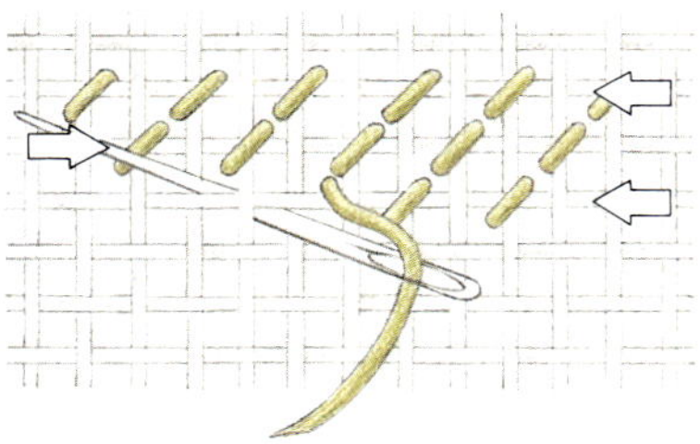

Il s'exécute une fois la broderie terminée. Suivez bien le croquis. On ne voit que très peu de fil sur l'envers. Des rangées obliques se forment à partir d'une première ligne horizontale.

Point gobelin droit

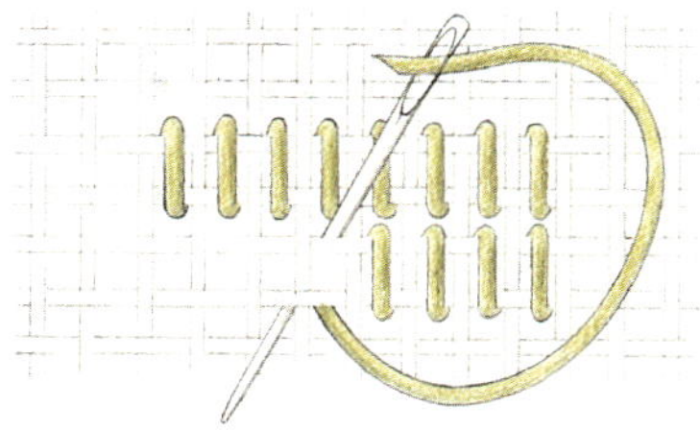

Ce point vertical s'exécute sur plusieurs fils. Dans le cas d'une bordure, exécutez dans chacun des coins cinq points qui partagent le même espace. Les angles à 45° que vous obtiendrez ainsi seront parfaits et extrêmement décoratifs.

Point gobelin oblique 1

Point gobelin oblique 2

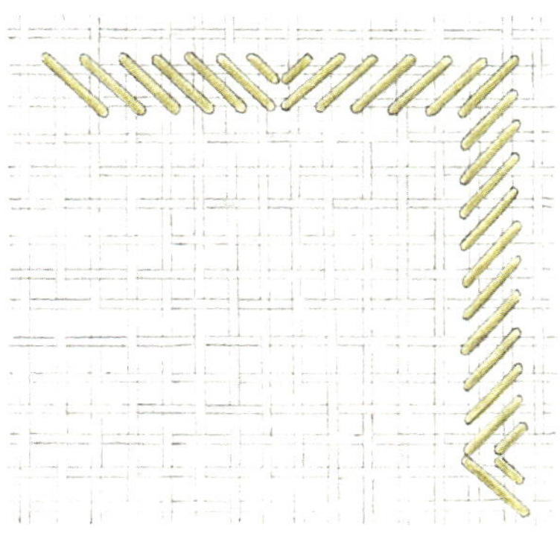

Ces variantes du point gobelin s'exécutent, elles aussi, sur plusieurs fils. Quand on les utilise pour une bordure, on en inverse souvent l'orientation de part et d'autre d'un point central. Les croquis montrent les différentes façons de les incliner.

Point de reprise victorien 1

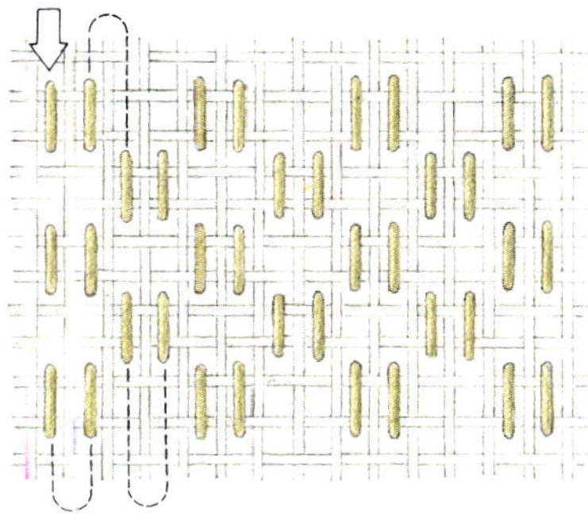

Point de reprise victorien 2

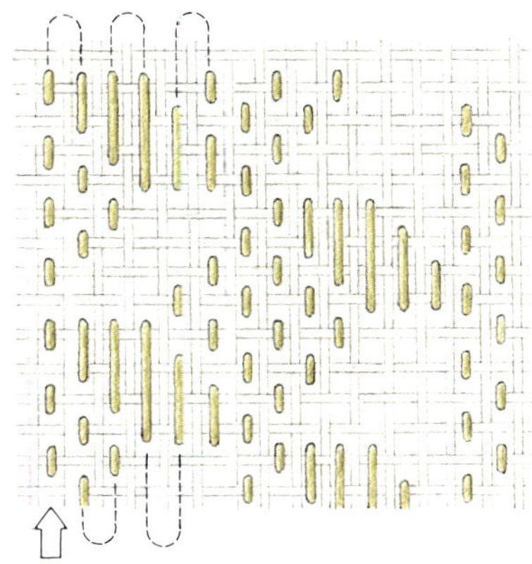

1. Il se travaille en rangées verticales, en passant l'aiguille sur et sous l'ouvrage. 1re rangée (aller) : 2 fils sur, 2 fils sous ; 2e rangée (retour) : comme la 1re ; 3e et 4e rangées : 2 fils sous, 2 fils sur ; exécutez les rangées suivantes en alternant ces deux séquences.
2. Plus minutieux, ce point est celui utilisé autour du motif coquillage de la page 111. Commencez sur un des bords de l'ouvrage, afin de bien le maîtriser lorsque vous atteindrez la zone qui entoure le motif central.

Point de chaînette

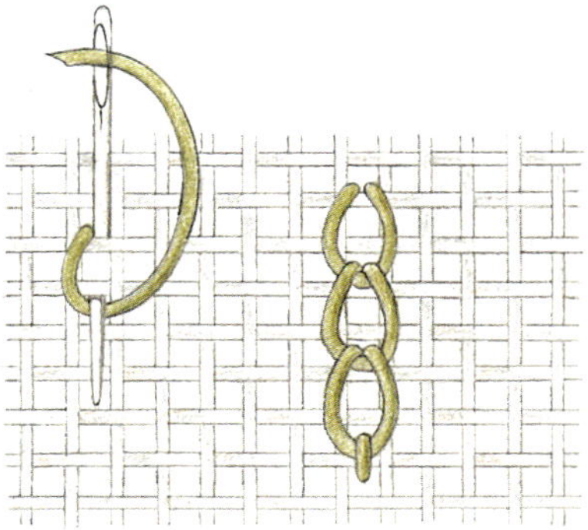

Faites sortir l'aiguille comme indiqué sur le croquis, retenez une boucle de fil sur le canevas avec votre doigt, repiquez l'aiguille dans le trou de sortie, puis faites-la ressortir à deux fils de là, à l'intérieur de la boucle. Faites un point hors de la boucle, à la fin de la rangée.

Motif écossais

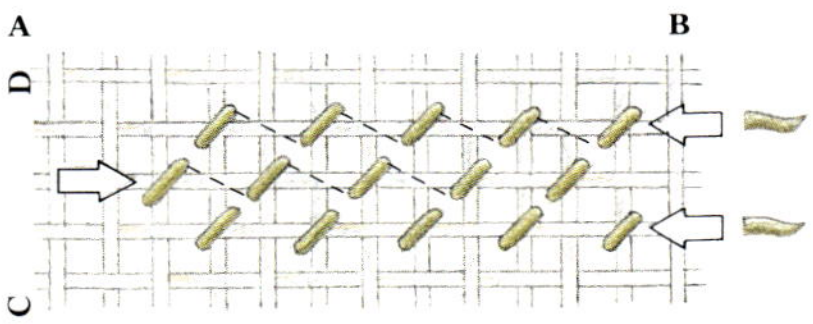

Écrivez les lettres A et B dans les deux coins supérieurs du canevas, tournez celui-ci d'un quart de tour et écrivez C et D dans les coins supérieurs (A et D sont dans le même coin). Suivez la grille en tenant le canevas en position « portrait » (la ligne AB en haut). Faites des allées et venues : les points forment des lignes obliques et très peu de fil est visible sur l'envers. Couvrez la zone tout entière, puis tournez le canevas d'un quart de tour (la ligne CD en haut) et exécutez dans chaque espace vide un point orienté de la même manière que les précédents. Si vous travaillez toujours en partant de la droite, les points de sortie de votre aiguille seront des espaces vides.

Motif écossais en diagonale

Avec la ligne AB en haut, brodez au petit point une rangée sur deux ; ces rangées montantes et descendantes sont orientées vers la droite. Une fois la zone entièrement couverte, tournez le canevas d'un quart de tour (la ligne CD en haut), et répétez le motif.

Point gaufré

Le croquis ci-dessus montre comment exécuter ce point. En suivant les chiffres, brodez la grande croix en diagonale sur huit fils 1-2 et 3-4. Continuez en exécutant des points obliques parallèles à 1-2 et 3-4 (suivez toujours les chiffres). Passez les points 27-28 sous les points 21-22 avant de terminer.

Combinaison de point gaufré et de point hongrois

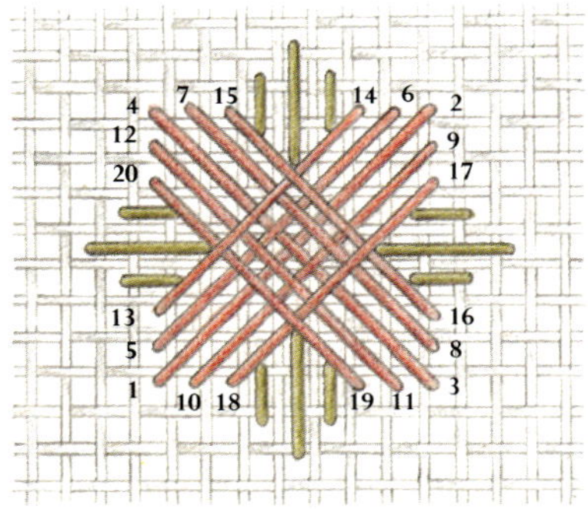

Le Marquoir victorien comporte un exemple de ce point. Brodez la grande croix diagonale sur huit fils, en suivant les chiffres inscrits sur la grille. Passez 19-20 sous 13-14 avant de terminer. Cela fait, exécutez les quatre groupes de points hongrois avec un fil de couleur contrastante.

Point de Rhodes

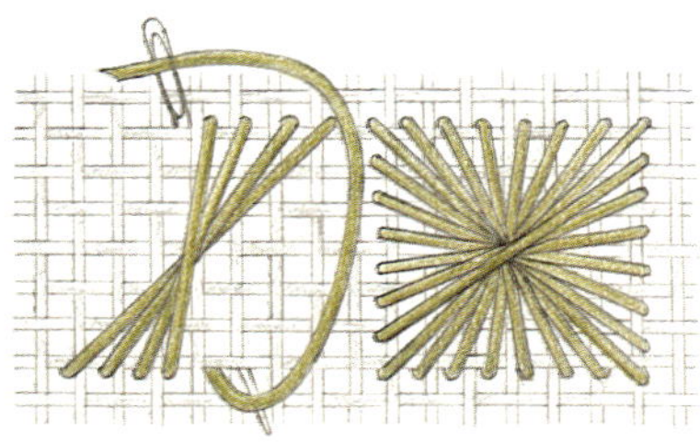

La partie gauche du croquis montre comment exécuter une série de points lancés sur sept fils de canevas, en piquant et en faisant ressortir l'aiguille dans un espace différent chaque fois. À droite, on voit le point terminé. Ce point peut s'exécuter sur un nombre de fils différent, huit, dix ou douze, par exemple.

Broderie sur fils couchés - point n° 1

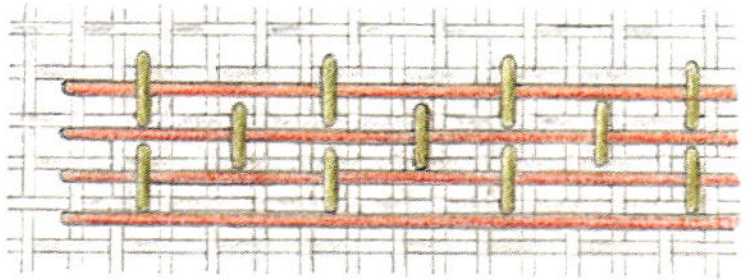

Broderie sur fils couchés - point n° 2

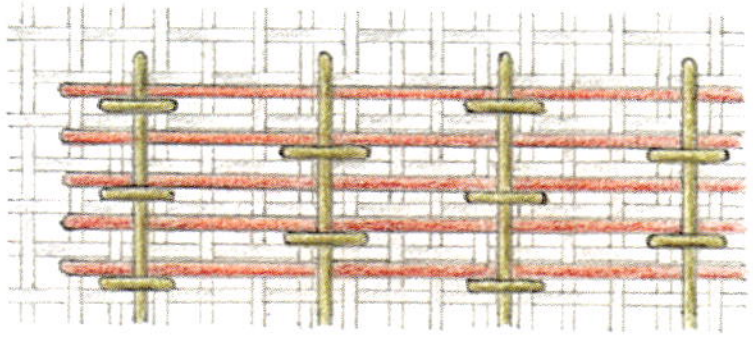

Broderie sur fils couchés - point n° 3

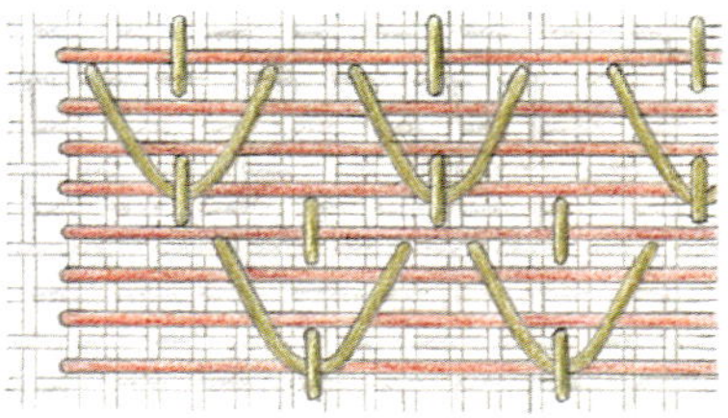

Pour le travail sur fils couchés, on lance d'abord un fil, parfois métallique, d'un bord à l'autre de la zone à couvrir. On rebrode ensuite sur cette trame avec un fil, généralement plus fin et d'une couleur différente. Le Marquoir victorien présente trois points de broderie sur fils couchés.

Point d'étoile tissé

Lancez une série de points obliques à partir d'un point central pour

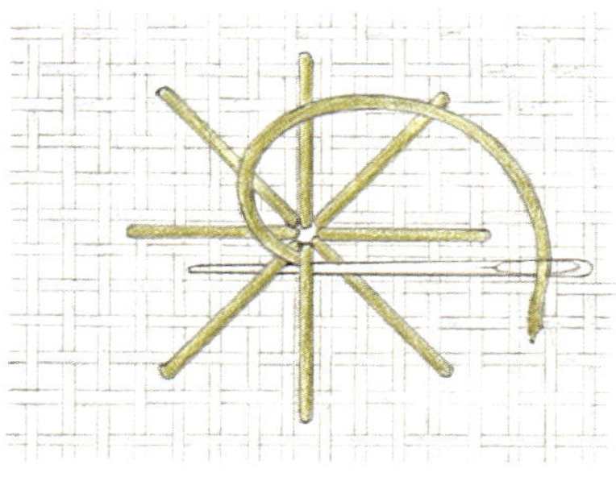

former une étoile. Faites ensuite ressortir l'aiguille entre deux des rayons de celle-ci, et passez le fil alternativement par-dessus et par-dessous les autres rayons de façon à les recouvrir entièrement.

Point de mosaïque

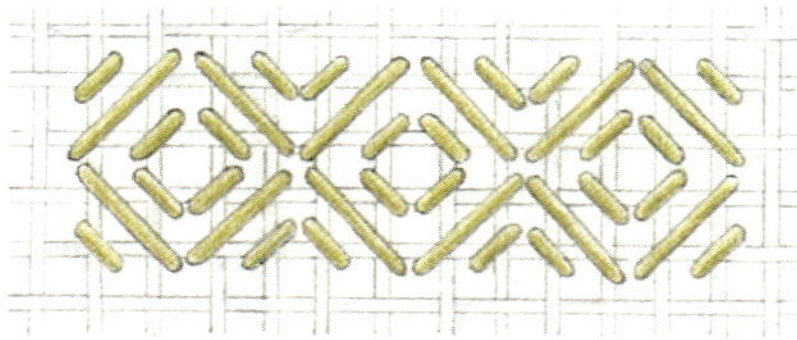

Il est formé par des fils obliques lancés perpendiculairement les uns aux autres pour former des carrés. Il y a trois groupes, emboîtés les uns dans les autres, exécutés successivement sur un fil, deux fils et un fil.

Point hongrois

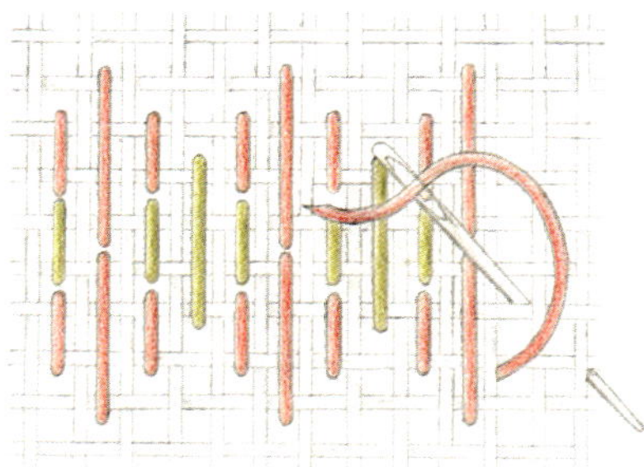

Ce point se travaille de gauche à droite en exécutant des rangées horizontales de points verticaux de la manière suivante : un point vers le haut sur deux fils ; en piquant l'aiguille un fil plus bas, un point vertical sur quatre fils ; en piquant l'aiguille un fil plus haut, un point vertical sur deux fils, et ainsi de suite. Les rangées successives, qui sont exécutées en fils de couleur différente, s'imbriquent les unes dans les autres.

Point florentin oblique

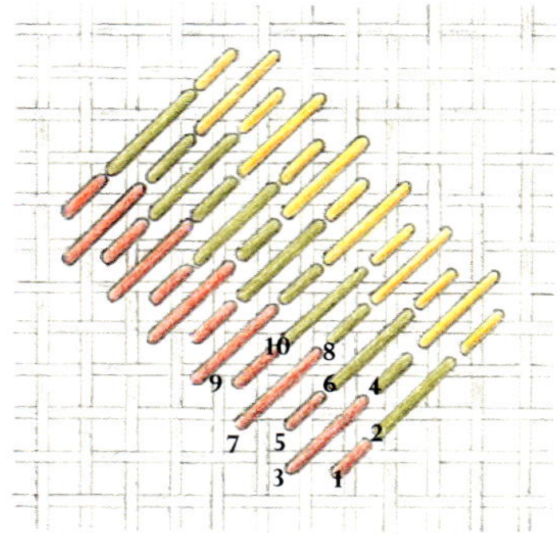

Une rangée forme une diagonale montante, de droite à gauche. On brode successivement sur un fil, deux fils et un fil. À partir de la deuxième rangée, un point court partage un espace avec un point long.

Point russe

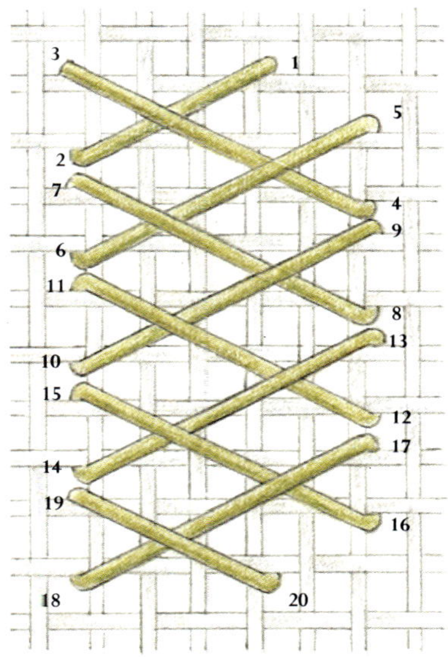

Brodez ce point, qui s'exécute de haut en bas, en suivant les indications données par les chiffres qui figurent sur le croquis. Il est très court sur l'envers du travail (le Marquoir victorien de la page 62 en offre un exemple).

Coussins

Parterre

On sait peu de choses au sujet du décor de ce coussin. La vivacité des couleurs suggère cependant l'emploi de teintures à l'aniline, et permet de le dater de 1860 environ. Les motifs de l'original étaient brodés avec de la laine et le fond avec des perles. C'est une association inusitée en broderie car les perles étaient normalement utilisées partout, ou réservées au sujet principal. Il est possible qu'il s'agisse d'un canevas peint ou d'une grille imprimée. Le dessinateur semble avoir puisé à une double source d'inspiration : l'art du vitrail et celui des jardins.

Les plates-bandes géométriques de fleurs et de légumes, bordées de haies bien régulières, qui étaient à la mode en France au XVIe siècle, furent adoptées en Angleterre à l'époque élisabéthaine, et les dames de la haute société ne tardèrent pas à les interpréter pour leurs ouvrages à l'aiguille.

Les fleurs qui figurent à l'intérieur des cercles facilitent, elles aussi, la datation de la pièce. Au début du XIXe siècle, on brodait surtout des roses, des pensées et des primevères, mais celles-ci furent remplacées – avec l'apparition des serres – par les fleurs que l'on était en mesure de cultiver toute l'année.

À gauche et en haut : L'art des jardins a toujours influencé celui de la broderie, comme en témoigne ce coussin aux couleurs vives. Le fond chatoyant met admirablement en valeur les teintes éclatantes des fleurs.

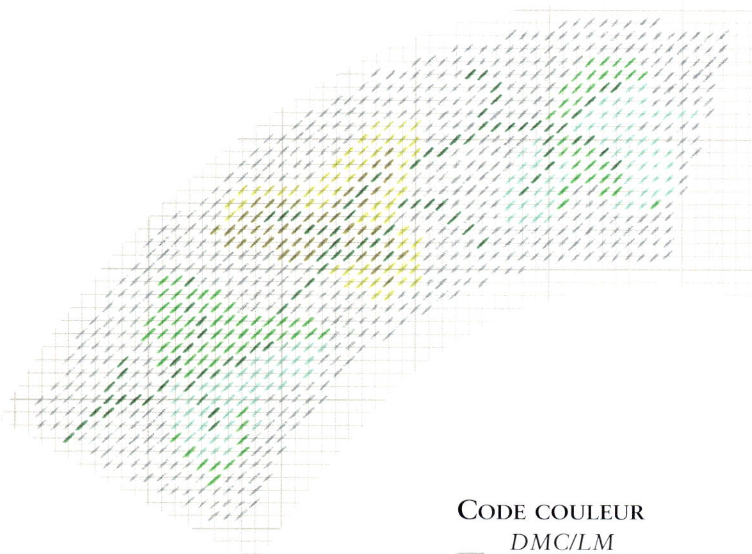

CODE COULEUR

DMC/LM

- 8381
- 8418
- 8419
- 8408
- 8407
- 8426

NIVEAU Moyen

DIMENSIONS 38 x 38 cm

FIL Laine Médicis DMC

AIGUILLE N° 22

CANEVAS N° 24

POINT Petit point

RÉALISATION

Brodez en suivant la grille (établie seulement pour le motif principal) et en appliquant le code des couleurs.

Il pourrait être intéressant d'utiliser les lignes générales de la composition et de remplacer les fleurs de l'original par des motifs empruntés à d'autres ouvrages figurant dans ce livre. Pour ce faire, agrandissez le schéma de la page 28 de façon à obtenir un carré de 38 cm de côté, puis tracez les cercles sur un morceau de canevas n° 24. Les courbes doivent être alignées le long des bords du carré mais, pour le reste, les points n'ont pas besoin d'être comptés exactement. Seules les teintes à utiliser pour les feuilles de lierre sont indiquées, à vous de choisir celles des motifs floraux. Si, pour rester proche de l'original, vous brodez les courbes avec la laine Médicis, utilisez les couleurs suivantes : 8326, 8207, 8993, 8666, 8102. Le fond peut être exécuté en Coton Perlé n° 5 écru ou en laine Médicis 8381, plutôt qu'avec des perles comme l'est celui du modèle.

Copiez la grille des feuilles de lierre dans les zones correspondantes de la grille ci-dessus. Tournez cette grille pour travailler aux deux autres zones.

Pour choisir les fleurs à broder, comptez les fils du canevas dans les diverses zones à orner, et choisissez chaque motif en fonction du chiffre obtenu. Vous pouvez transposer un bouquet tout entier, ou y prélever une ou deux fleurs si cela suffit à vos besoins. Un monogramme ferait d'ailleurs très bon effet à la place de la fleur centrale, et un élément décoratif simple (le motif au point florentin de la page 23, par exemple) pourrait être substitué à celles qui garnissent les angles.

Motif florentin de Frédéric

Ce motif date du milieu de la période victorienne. Comme ceux des deux coussins suivants, il faisait partie d'une grande pièce brodée entre 1848 et 1896 à l'instigation d'une certaine Mary Dowell. Épouse d'un pasteur d'une petite paroisse du Norfolk, elle demandait à chaque personne qui lui rendait visite de lui broder un petit échantillon. Elle en collectionna ainsi plus de mille, exécutés sur quatre cents types de canevas différents, et les assembla en un immense ouvrage connu sous le nom de « marquoir de Mary Dowell ». Cette pièce de quelque douze mètres de long débute par des morceaux de canevas très fins, délicatement ornés de fleurs, de motifs florentins, de frises et de scènes pastorales brodés à l'aide de laines teintes avec des couleurs végétales. Elle se termine par des broderies au point de croix sur des canevas plus grossiers, dont les couleurs criardes suggèrent l'emploi de teintures à l'aniline.

Le coussin présenté ici est brodé avec un point indifféremment appelé florentin, bargello ou hongrois, surtout employé pour les motifs originaires de Hongrie, de l'Italie du Nord, d'Angleterre et d'Amérique. Comme son exécution est rapide, on l'utilise souvent pour faire des ouvrages de grandes dimensions. Les résultats ne sont pas aussi durables qu'avec le petit point mais, si les points ne sont pas trop longs, on réalise d'excellentes broderies. Répété un certain nombre de fois, le motif présenté ici ferait un très joli tapis.

Une légère différence existe, en réalité, entre les points florentin/bargello et hongrois : les premiers sont d'une longueur uniforme, tandis que, dans le second, les longueurs varient au sein d'une même rangée. Dans l'ouvrage ci-contre, le point florentin a été utilisé pour la bordure et le point hongrois pour le centre.

À DROITE : *Pour ce coussin, on a gardé les couleurs de l'échantillon qui figure sur le marquoir de Mary Dowell. Si vous désirez en choisir d'autres, notez que pour que le motif de la bordure garde toute son efficacité, il doit se détacher sur un fond sombre.*

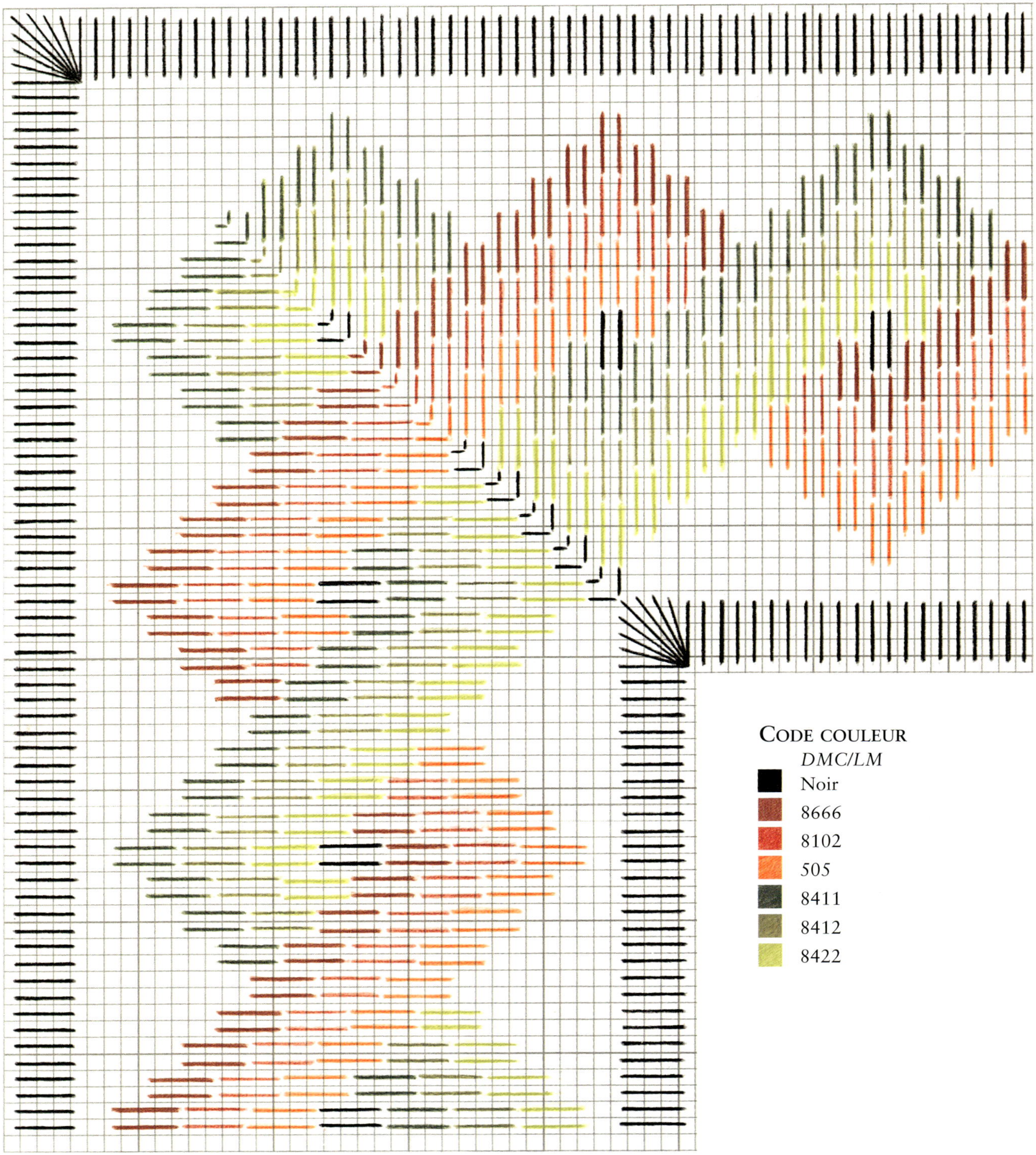

CODE COULEUR

DMC/LM

- Noir
- 8666
- 8102
- 505
- 8411
- 8412
- 8422

NIVEAU
Moyen

DIMENSIONS
33 x 36 cm

FIL/QUANTITÉS
Laine Médicis DMC

N°	*Échevettes*
Noir	1 1/2
8411	1/2
8412	1/2
8422	1/2
8666	1/2
8102	1/2
8100	1/2
8328	1/4
8327	1/4
8325	1/4
8119	1/4
8122	1/4
Écru	1

AIGUILLE N° 20

CANEVAS N° 20

POINTS
Florentin, gobelin droit

Note : Les points du fond n'apparaissent pas sur la grille fournie page 32.

RÉALISATION
1 L'ouvrage est à broder tout entier avec quatre brins de laine Médicis.

2 Pliez le canevas pour en déterminer le milieu, que vous marquerez d'une petite croix au crayon. Comptez les fils à partir du centre, d'abord vers le haut et le bas : 51, 4, 32, 4, ensuite vers les côtés : 60, 4, 32, 4. Faites une marque au crayon sur les bords du canevas, au milieu de chaque côté.

3 En suivant le schéma ci-dessous, brodez en noir les contours des losanges de la partie centrale.

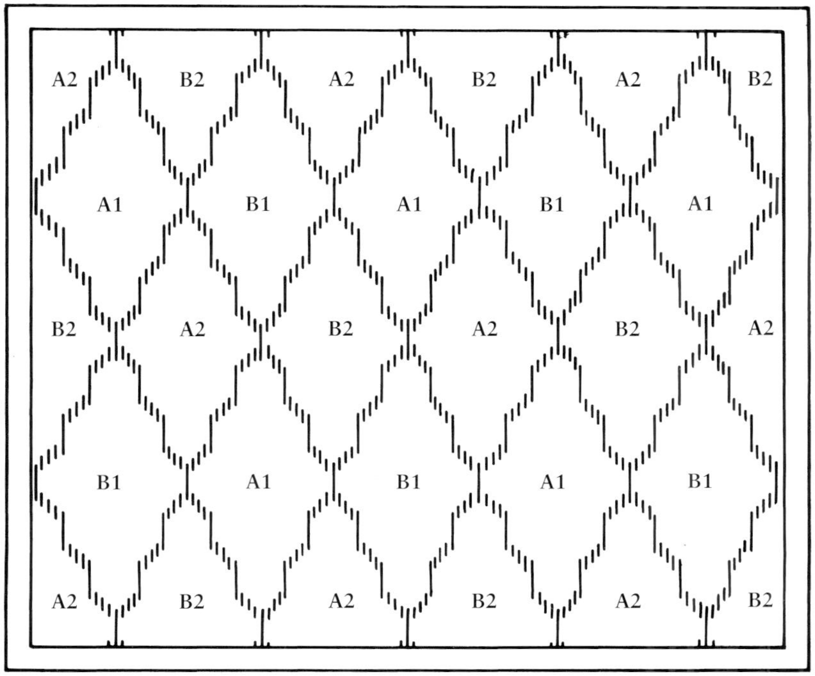

Commencez au centre du canevas, par un point exécuté sur six fils.

4 Avec du fil noir, brodez la ligne qui délimite intérieurement la bordure avec des points gobelin droit exécutés sur quatre fils, comme indiqué sur la grille de la page 32.

5 Remplissez les losanges en vous référant au schéma. Les zones A1 et A2 sont à broder d'une manière identique, mais avec des combinaisons de couleurs différentes. Il en va de même des zones B1 et B2. Il vaut mieux commencer par remplir tous les losanges entiers avant de broder ceux tronqués situés sur les bords.

Losanges «A» à broder à partir des bords préalablement délimités :

A1	**A2**
8422	8325
8412	8327
8411	8328
Écru	Écru
8102	8119

Les deux points du milieu sont à exécuter en noir.

Losanges «B» à broder à partir des bords préalablement délimités :

B1	**B2**
8100	8122
8102	8119
8666	Écru
Écru	8327
8412	8325

BORDURE
6 La rangée intérieure de points gobelin droit qui délimite la bordure a déjà été brodée (voir étape 4). Tracez maintenant au crayon, dans chaque angle du canevas, une diagonale joignant le sommet de l'angle formé par la limite extérieure de la

bordure à l'angle formé par la limite intérieure de celle-ci. Les points marquant l'intersection des motifs horizontaux et verticaux de la bordure seront à répartir le long de cette ligne.

7 Brodez la rangée qui délimite le côté extérieur de la bordure à points gobelin droit exécutés sur quatre fils de canevas.

8 Brodez l'ornementation de rubans de la bordure. En vous aidant de la grille, commencez par l'angle supérieur gauche. Tous les points s'exécutent sur quatre fils du canevas, sauf ceux qui sont à cheval sur la diagonale et qui sont faits alternativement sur deux points et un point. (Note : Le groupe central le long des rangées inférieures et supérieures de la bordure comportera trois points et non deux ; il n'y en aura qu'un au milieu de chaque côté.)

9 Brodez le fond, en noir, au point gobelin droit (zone laissée vide sur la grille de la page 32), sans oublier les deux points situés à l'endroit où les rubans se croisent (indiqué sur la grille). Tous ces points sont exécutés sur quatre fils de canevas.

AUTRES COMBINAISONS DE COULEURS

Les couleurs indiquées ici sont les mêmes que celles figurant sur le marquoir de Mary Dowell, mais d'autres combinaisons seraient tout aussi jolies ; les exemples ci-contre vous permettront d'en juger. L'ordre des couleurs est le même que celui adopté page 33 : le bleu moyen, le marine et le turquoise occupent, par exemple, successivement la place du noir.

(La laine pour toutes ces combinaisons est la laine Médicis DMC.)

COMBINAISON A

N°	*Échevettes*
8408	1 1/2
8427	1/2
8214	1/2
8407	1/2
8842	1/2
8840	1/2
8839	1/2
8501	1/4
8308	1/4
8610	1/4
8314	1/4
8303	1/4
8932	1

COMBINAISON B

N°	*Échevettes*
8025	1 1/2
8411	1/2
8412	1/2
8422	1/2
8111	1/2
8107	1/2
8221	1/2
8501	1/4
8303	1/4
8302	1/4
8512	1/4
8326	1/4
Écru	1

COMBINAISON C

N°	*Échevettes*
8417	1 1/2
8111	1/2
8107	1/2
8221	1/2
8314	1/2
8326	1/2
8325	1/2
8209	1/4
8207	1/4
8206	1/4
8308	1/4
8610	1/4
8512	1

COMBINAISON D

N°	*Échevettes*
8111	1 1/2
8107	1/2
8221	1/2
8512	1/2
8326	1/2
8314	1/2
8501	1/2
8303	1/4
8302	1/4
8426	1/4
8407	1/4
8408	1/4
8842	1

CODE COULEUR

DMC/LM

- Noir
- Écru
- 8666
- 8102
- 8100
- 8328
- 8327
- 8325
- 8411
- 8412
- 8422
- 8119
- 8122

C
C

Le léopard de Léopold

Emprunté au marquoir de Mary Dowell (voir page 30), ce décor particulièrement frappant est issu de la conjugaison de deux motifs qui semblent faits pour être associés. Comme la broderie à effet de dentelle du coussin aux rubans (voir page 40), il illustre le penchant de l'époque victorienne pour la transposition : on confectionnait des objets avec des matières autres que celles d'origine. Ce goût est encore vif aujourd'hui, comme le prouvent les fausses fourrures et imitations de crocodile.

Les couleurs de l'original ont été conservées dans cet ouvrage. Vous l'exécuterez en commençant par mettre en place, à l'aide de la grille (voir page 38), les lignes principales des motifs festonnés à l'intérieur desquels vous broderez les « taches de léopard ». Vous travaillerez ensuite les lignes en diagonale de la bordure, puis vous vous reporterez à la grille de la page 39 pour remplir toutes les zones restées vides. Notez que les raies de différentes nuances de rouge et de bleu sont encadrées par des lignes horizontales.

La même composition figure à la page 24, mais les rouges et les bleus y ont été remplacés par des nuances d'une seule couleur – un bleu moyen. En comparant les deux ouvrages, on comprend comment un simple changement de couleur transforme un ouvrage et le rend peut-être plus apte à trouver sa place dans un intérieur moderne.

Comme c'est le cas pour le coussin précédent, celui-ci pourrait être brodé en utilisant des combinaisons de couleurs différentes de celles préconisées. On obtiendrait, par exemple, de très agréables résultats avec les couleurs suivantes : 8501 (1 échevette), 8303 (1 échevette), 8302 (1 échevette), 8932 (½ échevette), 8408 (½ échevette), 8407 (½ échevette), 8306 (1 échevette), 8409 (½ échevette).

À gauche : Ce décor qui a beaucoup de caractère date du milieu du XIXe siècle et, comme celui des deux autres coussins qui figurent dans ce chapitre, il a été emprunté au marquoir de Mary Dowell dont il ne représente qu'une infime partie.

NIVEAU Moyen

DIMENSIONS
33 x 33 cm
(«C» indique le centre de la grille)

FIL/QUANTITÉS

N°	*Échevettes*
LAINE MÉDICIS DMC	
8501	1
8303	1
8302	1
8210	½
8209	½
8208	½
Noir	1
8102	½
8221	½
8107	½
COTON PERLÉ DMC N° 5	
Écru	2

AIGUILLE N° 20

CANEVAS N° 20

POINTS
Petit point et point continental

C

C

RÉALISATION

1 Brodez avec trois brins pour la laine et deux pour le coton. Pliez le canevas pour trouver le centre que vous marquerez par une croix au crayon.

2 Reportez-vous à la grille n° 1, qui est celle du coin inférieur gauche de la composition. Son centre est indiqué par une croix (qui coïncide avec celle tracée sur le canevas). Comptez douze fils à partir de cette marque et, en suivant la grille, commencez à broder vers la gauche avec le Coton Perlé. Repartez du milieu et répétez le motif sur la droite de la marque. Continuez à broder les motifs en forme de vague avec le Coton Perlé, en procédant de la même façon.

3 Exécutez toutes les parties utilisant le fil noir (les taches de léopard dans les vagues et dans les encadrements de la bordure, ainsi que les lignes en diagonale). Notez que les taches situées sur l'encadrement extérieur de la bordure sont les mêmes que celles de l'encadrement intérieur, et qu'elles ont une forme inversée de part et d'autre du centre.

4 Reportez-vous à la grille n° 2 (ci-contre) qui représente le coin inférieur gauche en détail. Notez que les raies de couleur se prolongent d'un point dans les vagues, et que la disposition des bandes rouges et bleues cernées de noir change d'une raie à l'autre.

CODE COULEUR
DMC/LM

- Noir
- Écru
- 8107
- 8102
- 8302
- 8221
- 8303
- 8501
- 8210
- 8209
- 8208

Les rubans de Vicky

Sur l'ouvrage qui a servi de modèle à cette composition, des couleurs primaires – rouge, vert, bleu, jaune – étaient utilisées pour le motif de rubans entrecroisés, et la bordure était noire. À la mode vers 1850, ce genre de fausse dentelle était en général exécutée avec de la soie noire, tandis que de la laine servait pour le reste de la broderie. Une telle bordure illustre l'engouement typiquement victorien pour les tissus qui en imitent d'autres.

L'original de cette broderie figure sur le marquoir de Mary Dowell (voir page 30) où il était entièrement exécuté au point de croix. Dans la version que j'en ai établie, j'ai introduit une variété de points – point de croix asymétrique, de mosaïque, point continental oblique – afin de la rendre plus intéressante et plus amusante à broder. Vous préférerez peut-être vous écarter de l'original et laisser le fond nu derrière les motifs de rubans lie-de-vin. Si vous omettiez les points continentaux obliques de la bordure, vous vous rapprocheriez encore plus du modèle.

Cette composition a été associée avec succès à diverses combinaisons de couleurs, parmi lesquelles des teintes pastel sur canevas blanc. Si vous désirez créer votre propre harmonie de couleurs, souvenez-vous qu'il est préférable de choisir celles-ci dans l'une des trois gammes suivantes : primaire – noir, rouge, vert, bleu, jaune ; assourdie (celle utilisée ici) – vert olive, biscuit, terre cuite, rouge flamme, bleu terne, bleu moyen ; pastel – rose pâle, vert herbe, bleu ciel, jaune primevère.

Lorsqu'on monte cette broderie, il faut savoir qu'un encadrement ou mieux, comme ici, un bourrelet, mettent la bordure de fausse dentelle en valeur.

À DROITE : La bordure imitant la dentelle qui orne ce coussin était en grande faveur vers 1850. On possède beaucoup d'échantillons de ce genre de travail, datant de cette époque.

CODE COULEUR

	DMC/LM
■	8111
■	8107
■	8221
■	8411
■	8412
■	8422
■	8322
■	8136
■	8321
■	8932
■	8407
■	8408
■	8501

NIVEAU
Moyen

DIMENSIONS
30 x 30 cm

FIL/QUANTITÉS
Laine Médicis DMC

N°	*Échevettes*
8932	1
8407	1
8408	1
8111	1
8107	1
8221	1
8411	1
8412	1
8422	1
8501	½
8322	½
8321	½
8136	½

AIGUILLE N° 20

CANEVAS N° 20

POINTS
Point de croix, de croix asymétrique, de mosaïque, continental oblique

RÉALISATION
1 Utilisez de la laine à trois brins, sauf pour les points continental oblique et continental oblique inversé pour lesquels vous emploierez deux brins seulement.

2 Écrivez «haut» sur l'un des bords du canevas en vous arrangeant pour que la lisière, s'il y en a une, se trouve à votre gauche ou à votre droite. Marquez le milieu du canevas par une petite croix au crayon, puis installez-le sur un métier.

3 Mesurez 7,5 cm vers le haut à partir du centre du canevas, puis 10 cm vers la gauche. Le point ainsi déterminé est celui d'où vous partirez pour broder la première rangée du ruban horizontal, situé en haut de l'ouvrage.

4 En suivant la grille, brodez dix-sept points de croix asymétriques avec la laine 8321, laissez six fils de canevas non brodés (pour le ruban vertical). Continuez de la même façon en faisant dix-sept points, en passant six fils, puis en faisant dix-sept autres points.

5 Brodez une seconde rangée identique sous la première avec la laine 8322, puis une troisième sous la seconde avec la laine 8501.

6 Brodez les autres rubans de la même façon, en suivant la grille. Notez que, pour que les rubans aient l'air de s'entrecroiser, les espaces non brodés doivent être disposés en quinconce. Prenez donc soin d'inverser leur position chaque fois que vous changez de rangée. Laissez quatorze rangées non brodées entre chaque ruban. Il vous semblera peut-être plus commode de commencer par les rubans horizontaux. Tournez le canevas d'un quart de tour pour broder les rubans verticaux, cela vous facilitera la tâche. Quel que soit l'ordre adopté, il est plus facile de commencer chaque ruban par la rangée supérieure.

7 Remplissez les espaces entre les rubans au point de croix avec la laine 8136.

BORDURES
8 Exécutez la bordure en dentelle au point de croix asymétrique avec la laine 8136, en brodant les petits motifs de quatre points de croix au fur et à mesure. Évitez de laisser le fil courir derrière le canevas, car il se verrait une fois l'ouvrage achevé.

9 Exécutez les points continental oblique et continental oblique inversé.

10 Avec la laine 8136, ajoutez des points de mosaïque dans les intervalles brodés au point de croix entre les rubans.

AUTRES COMBINAISONS DE COULEURS

N°	*Échevettes*
Ecru	1
8328	1
8748	1
8332	1
8333	1
Blanc	1
8164	1
8175	1
8427	1
8871	1
8331	1

Tulipe

Les fleurs ont toujours figuré parmi les motifs les plus utilisés en broderie. Au XVIe siècle, elles étaient raides et stylisées ; au XVIIe siècle, les applications étant devenues à la mode, on les exécutait individuellement au petit point sur des morceaux de canevas que l'on cousait sur du tissu (voir page 9). Les modèles étaient souvent puisés dans des publications comme *L'Herbier de Gérard*, très connu à l'époque. Les tulipes connurent une si grande vogue qu'à partir de la fin du XVIIe siècle, des vases en forme de pagodes étaient spécialement fabriqués à Delft, en Hollande. Ils comportaient plusieurs étages avec des cols étroits destinés à recevoir chacun une fleur.

Le motif de ce coussin a été emprunté à une longue pièce rectangulaire, dont la destination première reste mystérieuse. La tulipe était en effet encadrée par des demi-cercles ornés de fragments de roses (les fleurs n'apparaissant malheureusement pas tout entières) qui étaient tournés vers l'extérieur, les uns vers le haut, les autres vers le bas. L'asymétrie d'une telle disposition interdit de penser qu'il s'agissait d'une cantonnière ou d'un morceau de tenture de lit. La soie de la broderie originale est usée par endroits, et les couleurs passées sont très semblables à celles de l'ouvrage présenté ici. Pour ce dernier, du Mouliné Spécial a été utilisé pour la broderie et la passementerie afin de créer un effet lustré.

À DROITE ET CI-DESSUS : La broderie qui orne ce coussin faisait partie d'un long chemin de table. Des glands fixés à la ganse complètent le décor.

NIVEAU
Facile

DIMENSIONS
33 x 28 cm

FIL/QUANTITÉS
Laine Médicis DMC
et Mouliné Spécial DMC

LAINE MÉDICIS DMC

N°	*Échevettes*
8221	1

MOULINÉ SPÉCIAL DMC

N°	*Échevettes*
842	10
841	12
355	10
356	8

AIGUILLE N° 22

CANEVAS N° 24

POINTS
Florentin, gobelin droit,
point de reprise victorien

(Note : La grille de la page suivante correspond à la moitié du dessin. Répétez-la pour obtenir l'autre moitié.)

RÉALISATION
1 Les différents points sont à exécuter comme suit :
- Florentin (bargello), neuf brins de Mouliné Spécial.
- Point de reprise victorien, six brins de Mouliné Spécial.
- Gobelin droit, trois brins de laine Médicis.

(Note : Trois nuances de chocolat/beige sont indiquées sur la grille, alors qu'il n'y en a que deux dans la liste des couleurs. Les teintes très proches sont très jolies exécutées au point florentin. Pour les obtenir, mélangez quatre brins de Mouliné Spécial 841 et cinq de 842 dans la même aiguillée.)

2 Déterminez le milieu du canevas et ceux des bords, et faites-y une marque au crayon. Montez le canevas sur un métier.

TULIPE
3 Tracez les contours de la tulipe sur le canevas en centrant votre dessin. Travaillez chaque point sur quatre fils du canevas, et sautez deux fils entre les points. Utilisez la nuance la plus foncée de terre cuite (355) et la teinte 356 pour ombrer l'extérieur des contours, comme indiqué sur la grille ci-contre.

4 Brodez les pétales et les tiges.

BORDURE
5 Travaillez de l'intérieur de la bordure vers l'extérieur, sur quatre fils du canevas. Commencez au milieu du bord inférieur, seize fils de canevas au-dessous de la tige de la tulipe, et utilisez les couleurs indiquées sur la grille.

6 Pour terminer la bordure, tendez trois brins de laine le long des bords du dessin, et fixez-les avec des points gobelin droit exécutés par-dessus.

FOND DERRIÈRE LA TULIPE
7 Brodez-le au point de reprise victorien avec six brins de Mouliné Spécial 841, exécuté verticalement, de haut en bas et de bas en haut.

GANSES ET GLANDS
La méthode est expliquée page 18. Elle a été utilisée pour les glands de ce coussin, du Mouliné Spécial non coupé ayant servi pour les plus petits. Pour pouvoir fixer les glands à la ganse, utilisez des morceaux de fil relativement longs. Faites ensuite la ganse avec un fil de couleur identique. Fixez la ganse au coussin, puis les glands à celle-ci, en les espaçant régulièrement. Quand le gland est solidement cousu, noyez-y bien le fil et coupez-le. Sur le modèle, les glands avaient d'abord été fixés au bord du coussin mais ils ont, après réflexion, été montés près du canevas car l'effet a été jugé plus heureux lorsqu'ils se détachaient sur le velours.

MÉLANGES DE COULEURS
Avec les fils divisibles comme la laine Médicis ou le Mouliné Spécial, vous pouvez mélanger des fils de couleurs différentes dans une même aiguillée. Cela permet d'étendre considérablement la palette dont on dispose, ce qui est particulièrement utile dans le cas des motifs au point florentin. La subtilité de ceux-ci augmente avec la quantité des nuances utilisées, et les imperceptibles changements de teintes permettent de créer de merveilleux fondus. Le ciel et l'eau ne sont jamais d'une couleur uniforme, effet facilement rendu avec des aiguillées dont la composition change constamment. Mélangez toujours des couleurs qui sont voisines sur le nuancier (comme ici, les fils de Mouliné Spécial 842 et 841) car le mélange de deux couleurs éloignées risque de produire un aspect de tweed.

CODE COULEUR
DMC/MS

841
855
356
842/841
842

Répétez la première moitié du dessin ici

Tableaux et Marquoirs

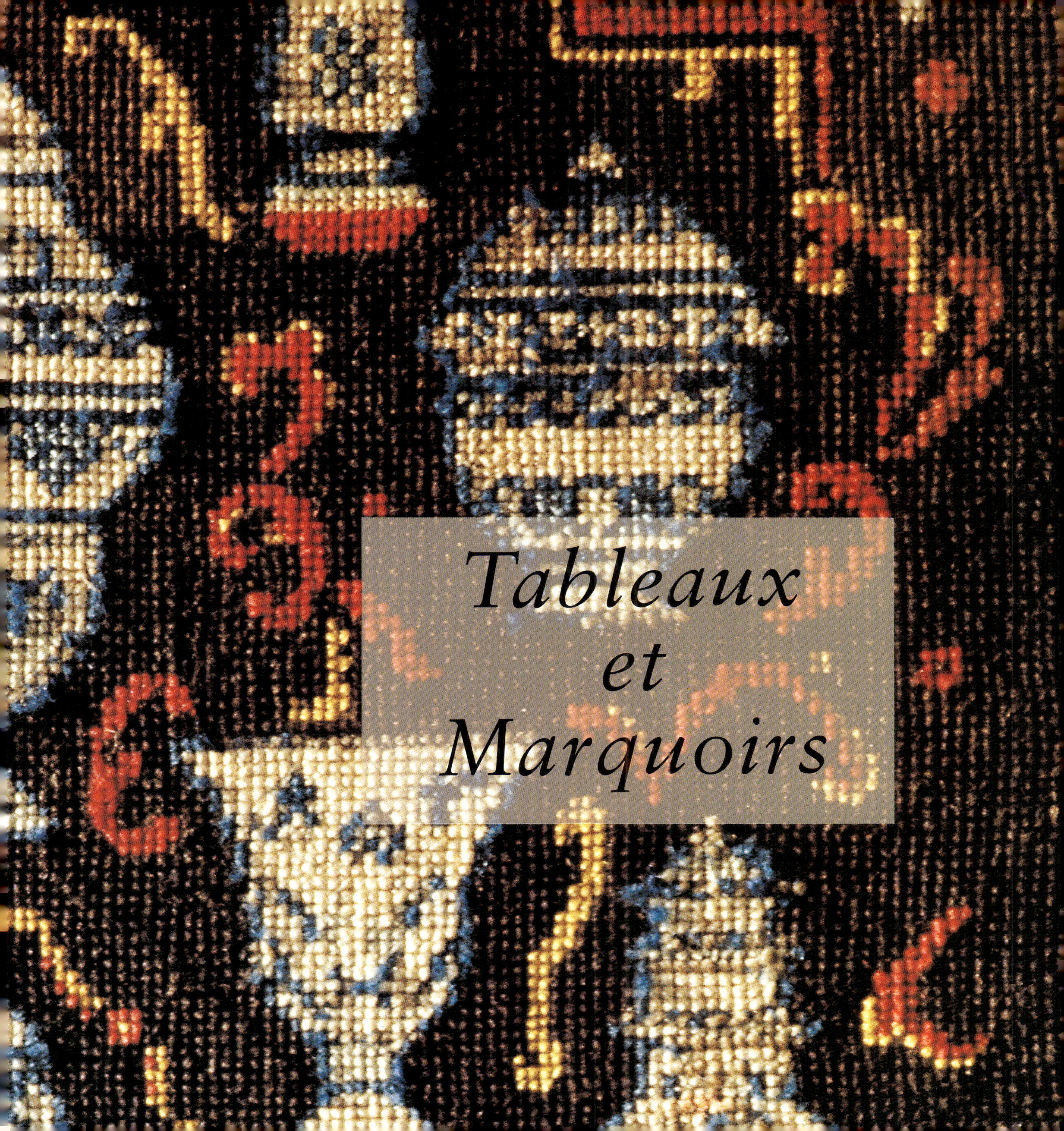

Panneau à motifs de Delft

L'usage que l'on faisait des broderies changea au XVIIIe siècle, période où la mode fut plutôt aux marquoirs, tableaux et pièces de nature décorative. Plus délicats et d'une structure plus légère, les meubles étaient de moins en moins souvent recouverts de tissus brodés. Le broché de soie convenait en effet mieux que le canevas brodé aux sièges peints et dorés ou faits de bois d'arbres fruitiers, qui faisaient partie de l'ameublement des riches. Ceux-ci prirent aussi l'habitude de procéder plus souvent à la rénovation de leur intérieur. Les livres d'échantillons des fabricants de l'époque indiquent que ces changements étaient souvent annuels, ce qui rendait les textiles tissés plus appropriés que les ouvrages brodés.

La personne qui a brodé cette pièce, à l'aspect remarquablement contemporain, y a indiqué la date de son exécution – 1715 – ainsi que ses initiales – E. C. La porcelaine qui en forme le sujet présente un intérêt particulier du fait qu'elle n'a été fabriquée que sous le règne de l'empereur chinois K'ang Hsi (1662-1722). C'est elle qui, importée par la Compagnie des Indes hollandaise, fut à l'origine de la vogue que la porcelaine de Chine bleu et blanc connut alors en Europe. Au milieu du XVIIe siècle, la ville hollandaise de Delft s'acquit une telle réputation en tant que centre européen de fabrication d'une faïence revêtue de glaçure au plomb, que son nom fut utilisé pour désigner des produits fabriqués ailleurs en Europe du Nord, dans la ville anglaise de Bristol par exemple.

L'ornementation faite de divers pots décorés de fleurs de prunier est très agréable. On pense qu'il s'agit de récipients servant en Chine à contenir le thé, le gingembre et les confiseries. Les cartes à jouer que l'on voit en arrière-plan sur la photo sont modernes, mais elles évoquent un passe-temps dont la popularité ne s'est jamais démentie.

À DROITE : Malgré son air contemporain, ce décor fait de pots et de vases à gingembre date de 1715.

NIVEAU
Moyen

DIMENSIONS
29 x 33 cm

FIL
Laine Médicis DMC

AIGUILLE
N° 20

CANEVAS
N° 20

POINT
Petit point

RÉALISATION
Suivez la grille en utilisant les couleurs indiquées.

(Note : La grille ci-contre est absolument fidèle à l'original. Remarquez que les pièces situées de part et d'autre de la théière et du vase, au centre de la composition, ne sont pas rigoureusement identiques et qu'elles ne sont pas alignées au fil de canevas près. Libre à vous d'adopter une symétrie parfaite si vous le désirez.)

Notez les cinq lignes supplémentaires, prévues de chaque côté pour le raccord.

CODE COULEUR

DMC/LM

- Écru
- 8102
- 8341
- 8326
- 8500
- 8206
- 8995
- 8426

Raccord sur cinq lignes

Raccord sur cinq lignes

Chat en broderie de Berlin

Ce charmant chat a été exécuté d'après une grille peinte à la main à l'époque victorienne. Il illustre admirablement ce que l'on appelle la broderie de Berlin.

Apparu au début du XIXe siècle, ce style de broderie est dû à l'initiative d'un imprimeur berlinois dont l'épouse était une brodeuse accomplie. Il eut l'idée de publier des grilles établies sur du papier millimétré, spécialement conçues pour être exécutées avec une laine locale extrêmement couvrante, dont il existait de nombreuses teintes. Ces grilles connurent une grande vogue en Angleterre et en Amérique, où le public s'enthousiasma pour les possibilités qu'elles offraient du point de vue du dessin et de la technique. Malheureusement, leur qualité se détériora à mesure que leur succès augmentait. Elles se vendaient par milliers vers 1850, époque de l'apparition des teintures à l'aniline. Les fleurs avaient cessé d'être jolies pour être exotiques et luxuriantes, les sujets devinrent sentimentaux, les couleurs criardes – surtout des verts absinthe et des violets. Plus tard, une nouvelle mode fit rage, celle de la « peluche », travail qui consistait, après avoir fait des boucles à l'aide d'un instrument spécial servant à en régler la longueur, à les couper en les égalisant. On obtenait un aspect velouté et des effets de relief.

On peut se demander ce que ce chat, assis sur un coussin de velours rouge d'où pendent des glands, représentait pour la brodeuse qui décida de faire son portrait à l'aiguille. Les animaux de compagnie n'occupaient pas à l'époque la place privilégiée qui leur est réservée aujourd'hui, et c'était peut-être surtout pour le nombre de souris qu'il attrapait qu'il était apprécié. Il est possible aussi que cette composition ne fasse que refléter le caractère sentimental qu'ont souvent les broderies de Berlin.

À droite : Empruntée à une grille du XIXe siècle peinte à la main, cette composition est typique de la broderie de Berlin, style qui connut une grande vogue à cette époque.

1553

Niveau
Facile

Dimensions
Canevas n° 24 : 15,5 x 15,5 cm
Canevas n° 20 : 21 x 21 cm

Fil
Laine Médicis DMC

(Quantités : 1 petite échevette de chaque couleur)

Aiguilles
N° 20 pour canevas n° 20
N° 22 pour canevas n° 24

Canevas
N° 20 ou n° 24

Point
Petit point

Réalisation
Suivez la grille en utilisant les couleurs indiquées.

Encadrement des broderies
Il vaut mieux confier l'encadrement de tableaux en broderie comme le Chat ou le Panneau à motifs de Delft (page 50) à un professionnel. Certaines précautions prises au début vous permettront cependant d'obtenir des résultats satisfaisants pour un prix raisonnable.
(Il est préférable de couvrir les bords vifs du canevas avec un galon de tissu plutôt qu'avec du ruban adhésif.)

1 Remettez la pièce en forme comme d'habitude. Dans le cas d'un ouvrage de grande taille comme le Panneau de Delft, utilisez des montants servant aux peintres à tendre leurs toiles. Pour les pièces plus petites comme le Chat, un support de bois ou de carton épais suffit.

2 Procurez-vous (pour les grandes pièces) quatre montants utilisés par les peintres, et confectionnez un cadre de la même taille que la broderie.

3 Recouvrez ce cadre d'un tissu de coton ou de lin dont la couleur sera claire pour les ouvrages pastel, et sombre pour les foncés. Doublez-le éventuellement d'un morceau de molleton, pour noyer les irrégularités causées par les nœuds et les bouts de fil subsistant au dos de l'ouvrage.

4 Sans couper le canevas et en préservant le galon ou le ruban adhésif qui le borde, repliez la partie vierge sous les bords du cadre. Tendez un fil fort enfilé sur une aiguille d'un bord à l'autre du canevas, en serrant bien et en plantant l'aiguille dans le galon ou le ruban, ou bien juste à côté. Rabattez les coins et faites quelques points pour les maintenir.

5 Continuez à tendre des fils entre les bords opposés du canevas, jusqu'à ce que celui-ci soit solidement fixé au cadre.

6 Pour les pièces de petites dimensions, procédez de la même manière en remplaçant le cadre par un support de bois ou de carton. Là aussi, vous obtiendrez de meilleurs résultats en matelassant légèrement le support.

7 Confiez votre broderie dans cet état à un encadreur et choisissez un cadre décoratif.

(Note : Présenter une broderie sous verre ou non est une question de goût personnel. Je préfère la seconde solution. Si vous êtes d'un avis contraire, choisissez un verre antireflet.)

Code couleur
DMC/LM

- Noir
- 8204
- 8208
- 8214
- 8842
- 8128
- 8102
- 8134
- 8871
- 8164
- 8176
- 8501
- 8027
- 8512
- 8411
- 8871
- 8426
- 8381
- 8211
- 8397
- 8153

Bouquet rustique

L'original du tableau présenté ici était brodé avec des perles sur papier perforé. Il avait dû être exécuté d'après le même genre de grille conçue pour la broderie de Berlin que le Chat de la page 55. À l'époque, comme aujourd'hui, le choix du point – petit point ou point de croix (la pièce obtenue étant alors deux fois plus grande) – et celui du fil revenait au brodeur. Comme c'est le cas partout où, dans ce livre, le petit point a été utilisé, chaque point (ou perle) est représenté sur la grille par un trait de la couleur à utiliser ; il est donc possible de suivre celle-ci quel que soit le matériau choisi. Il arrivait même que l'on utilise des perles pour certains motifs ou pour l'ouvrage tout entier. L'introduction de cette technique constitua une autre étape de l'évolution que connut la broderie de Berlin. Les perles ont cependant disparu de presque toutes les pièces qui sont parvenues jusqu'à nous.

Le canevas servant à la broderie de Berlin était généralement en soie et comportait 8, 11, 13 ou 16 fils environ au centimètre. Il en existait de plusieurs couleurs, ce qui donnait aux brodeuses la possibilité de laisser le fond nu. Le chat, quant à lui, était brodé sur du papier perforé, matière qui ne convenait qu'à l'exécution de tableaux ou d'articles peu exposés à l'usure.

Les canevas de couleur sont de nouveau disponibles aujourd'hui, surtout en Amérique. Ils permettent de créer des effets agréables en laissant certaines parties non brodées. Il est également possible de se procurer du papier perforé, mais le papier gaufré, utilisé autrefois pour les marque-pages, les livres de prière et les étuis à aiguilles, semble introuvable dans le commerce.

À DROITE : *La pièce qui a servi de modèle à cet ouvrage était brodée avec des perles et non avec de la laine. Dans un travail de ce genre, les perles sont cousues séparément au petit point avec un fil fort enduit de cire.*

Raccord sur cinq lignes

Raccord sur cinq lignes

Niveau Moyen

Dimensions du motif de fleurs
15,5 x 23 cm
Avec la bordure : 35,5 x 43 cm

Aiguille N° 22

Canevas N° 24

Point Petit point

Fil Mouliné Spécial DMC

Réalisation
Suivez la grille en utilisant les couleurs indiquées. (Notez les points prévus pour le raccord. N'en exécutez que la moitié car ils sont faits pour se chevaucher.)

Code couleur

DMC/MS

319
Écru
3685
3688
922
725
727
726
712
367
469
470
472
471
824
826
813
828
519

Marquoir victorien

Les brodeuses de l'époque victorienne prenaient plaisir à s'exercer sur ce genre de pièce que l'on appelait marquoir ou parfois, improprement, abécédaire. Long et étroit, un tel ouvrage faisait un très bel effet suspendu au mur à des fins purement décoratives ou utilisé comme cordon de sonnette.

Œuvre d'une certaine Jane Bostocke, le marquoir anglais le plus ancien que l'on connaisse date de 1598. On possède d'autres pièces qui datent du XIXe siècle et proviennent d'institutions où les jeunes filles apprenaient la broderie, la musique et le dessin, matières jugées plus importantes pour elles, à l'époque, que les mathématiques. Au début du XVIIe siècle, les marquoirs, longs et étroits, servaient à conserver les modèles des divers points et n'avaient pas de rôle décoratif. Ils évoluèrent bientôt, tant du point de vue de la forme que du contenu : ils devinrent plus carrés et l'on y vit apparaître des personnages, des édifices, des fleurs et des phrases pieuses.

À la fin du XVIIIe siècle, la mode fut aux marquoirs où figuraient des cartes, signe que la géographie était désormais enseignée aux jeunes élèves. C'est ainsi que les motifs qui apparaissent sur un marquoir non daté sont des indications précieuses. Au XVIIe siècle, le programme imposé aux apprenties brodeuses était clairement défini : elles commençaient par un marquoir du premier type décrit ici, et passaient ensuite aux broderies blanches ou aux broderies à fils tirés. L'ouvrage qu'elles entreprenaient, lorsqu'elles en étaient capables, contenaient des broderies en relief. Il s'agissait, par exemple, de garnitures de couvercles de boîte où figuraient des personnages exécutés à l'aide de petites formes de bois. On y voyait des scènes de la Bible, mais aussi parfois des rois et des reines – comme Charles II ou son épouse, Catherine de Bragance.

À DROITE : Cet ouvrage se rattache à la tradition très ancienne des marquoirs, pièces sur lesquelles on essayait points et motifs. Certains des éléments qui figurent ici ont été empruntés à Mary Dowell.

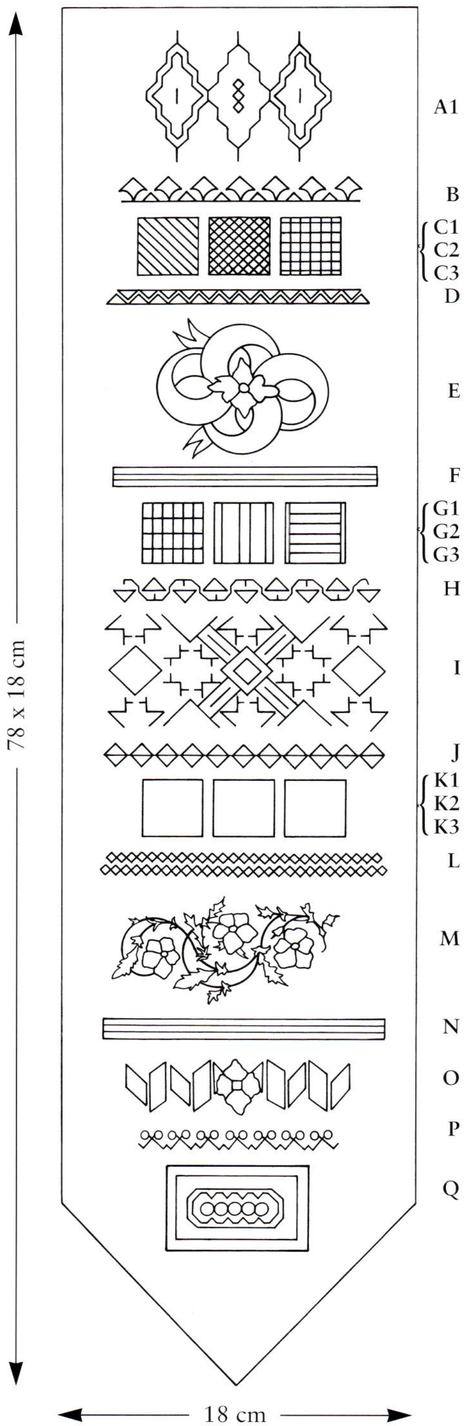

SCHÉMA DU MARQUOIR

A

CODE COULEUR

DMC/MS

- 754
- 353
- 676
- 948
- 677
- 501
- 3012
- 3013
- 926
- 927
- 928

NIVEAU Confirmé

DIMENSIONS 78 x 18 cm

FIL
Mouliné Spécial DMC
et Coton Perlé DMC n° 5 (blanc)

AIGUILLES N° 22 et n° 24

CANEVAS N° 24

DIMENSION DU CANEVAS
30 x 93 cm

POINTS
Point lancé, russe, gaufré, florentin, hongrois, petit point, point de nœud, de croix, de chaînette, broderie sur fils couchés, point d'étoile tissé

FIL/QUANTITÉS

N°	*Échevettes*
MOULINÉ SPÉCIAL DMC	
B5200	1
352	1
353	1
754	2
948	1
3012	3
3013	4
676	2
677	2
501	3
926	2
927	1
928	3
310	1

N°	*Échevettes*
COTON PERLÉ DMC N° 5	
Blanc	½

RÉALISATION

1 Écrivez soigneusement «haut» sur le bord supérieur du canevas afin d'éviter toute confusion.

2 En commençant en bas, à 15 cm du bord, faites des marques dans la marge en comptant entre elles les nombres de fils suivants : 33, 7, 7, 36, 8, 57, 10, 6, 24, 6, 8, 6, 46, 5, 10, 5, 24, 6, 8, 68, 5, 6, 24, 6, 10, 6. Pliez le canevas en deux dans le sens de la longueur, et passez un fil de bâti de couleur crème le long de la ligne médiane ainsi déterminée, qui sera le centre de chacun des motifs. (La disposition de ceux-ci est donnée dans le schéma de la page 64.)

BORDURE

Brodez-la au petit point avec les deux nuances de vert (3012 et 3013).

Arbres (B)

Brodez ce motif au petit point avec quatre brins de coton. Il y a trois collines et trois arbres de part et d'autre de l'arbre central, c'est-à-dire sept arbres et six collines en tout.

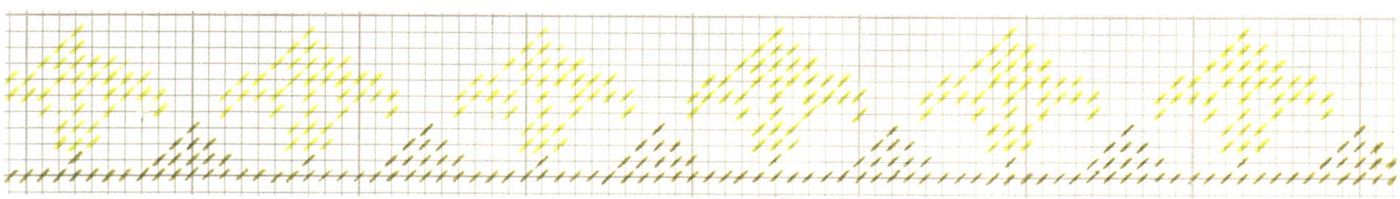

B

C1

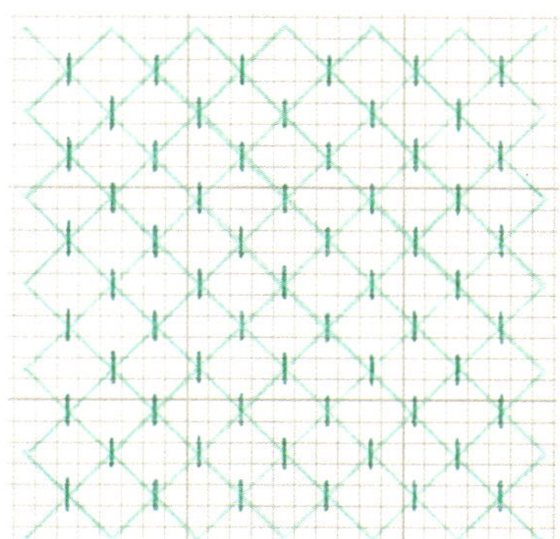

C2

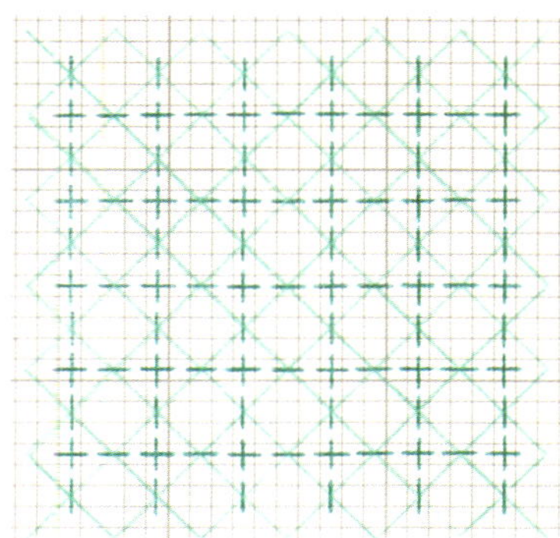

C3

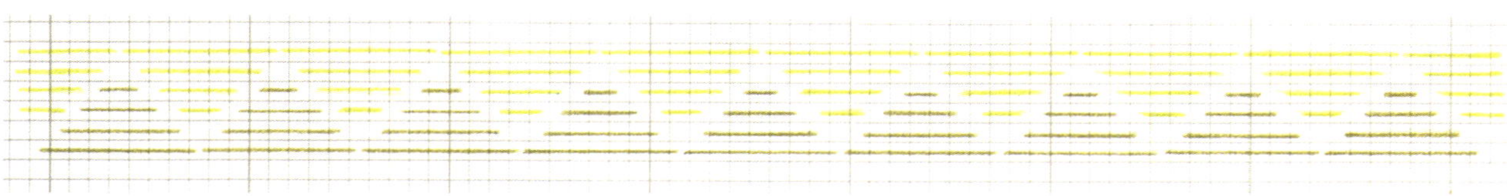

D

Triangles (D)
Utilisez six brins de coton. Les points prennent huit, six, quatre et deux fils de canevas. Notez que ceux qui en prennent huit partagent un même trou. Il y a six triangles foncés de part et d'autre du centre, c'est-à-dire treize en tout, et douze clairs.

Gerbes (F)
Utilisez six brins de coton pour les points verticaux et quatre pour les points horizontaux. Exécutez des groupes de quatre points verticaux sur huit fils, puis faites des points horizontaux qui ceinturent chaque groupe en son milieu. (Piquez l'aiguille au niveau des premier et quatrième points verticaux de chaque groupe, comme indiqué sur le croquis.) Il y a vingt-six gerbes et les deux extrémités de la rangée doivent être alignées sur la rangée de triangles (D) et sur celle de baies (H).

Rebrodez la rangée de gerbes avec un fil vert à quatre brins que vous passez sous le fil central en faisant un aller, un retour et un aller. Vous formez ainsi des boucles dont il y a alternativement : deux au-dessus et une au-dessous de la rangée horizontale et *vice versa*, comme sur la grille.

Baies (H)
Brodez avec un fil à quatre brins. Il y a neuf baies en tout (une au milieu et quatre de part et d'autre).

Œufs dans des paniers (J)
Utilisez un fil à six brins. Les paniers sont brodés avec le vert le plus foncé, successivement sur dix, huit, six, quatre, deux fils, et les œufs sur deux. Ce motif est plus long que les baies.

Petits losanges (L)
Brodez avec quatre brins. Il y a vingt-huit losanges foncés et vingt-sept clairs. La rangée de losanges clairs est alignée sur celle des œufs dans le panier sur la gauche, et elle est plus longue d'un fil sur la droite.

Points lancés droits (N)
Brodez avec six brins. Les points sont exécutés par groupes de deux, sur deux et cinq fils alternativement. Les groupes les plus longs sont au nombre de vingt-sept. La rangée brodée avec le fil foncé se termine par des points courts, et celle brodée avec le fil clair par des points longs.

Le motif tout entier est aligné sur la ligne verte du motif L (voir le schéma page 64).

CODE COULEUR

DMC/MS

- 310
- B5200
- 352
- 353
- 948
- 754
- 676
- 677
- 501
- 3012
- 3013
- 926
- 927
- 928

E

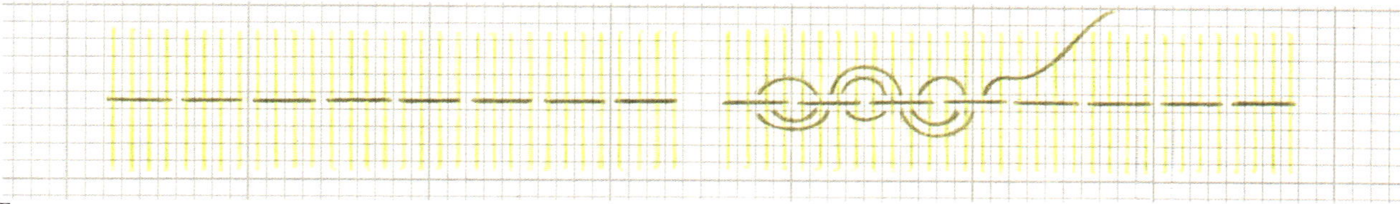

F

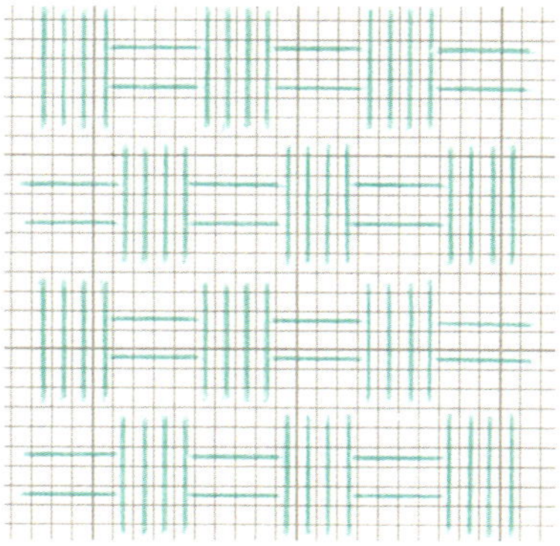

G1

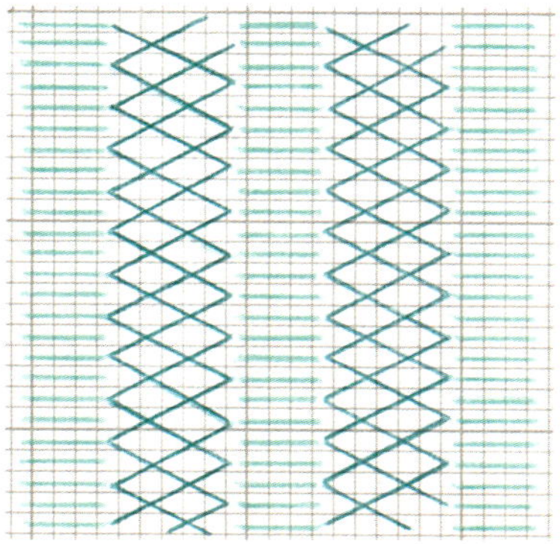

G2

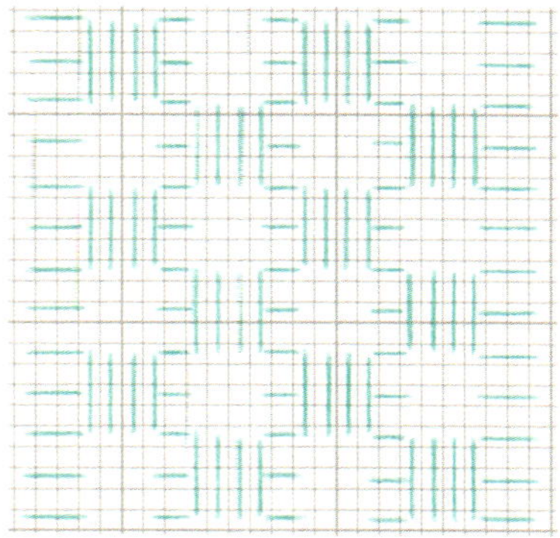

G3

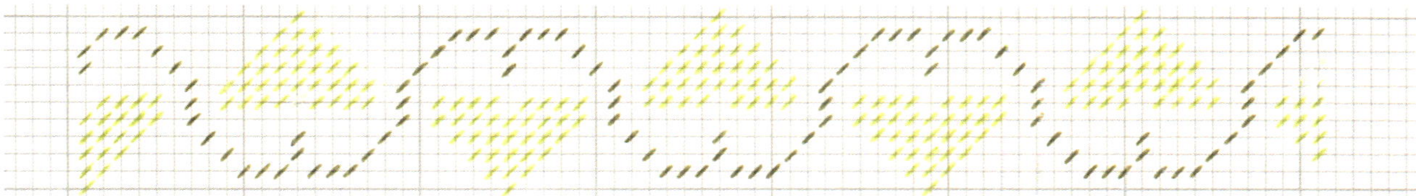

H

Rosettes (P)
Brodez avec quatre brins. Il y a sept rosettes. Elles forment un motif plus court que le motif L. On n'en a représenté que six ici.

Points de Damas (G1, G2, G3)

Brodez avec deux teintes de bleu (926 et 928) en utilisant six brins.

Motif central (G2)
Brodez trois rangées de points lancés horizontaux sur quatre fils du canevas, en laissant un espace de six fils entre eux. Exécutez ensuite le point russe (voir explications page 23) en travaillant de haut en bas.

Motif de gauche (G1)
Brodez avec six brins du fil bleu clair (928). Travaillez en rangées horizontales à partir de l'angle inférieur droit. (Cinq fils non brodés sépareront cet angle du coin inférieur gauche du pavé central, car la seconde rangée de ce dernier empiète d'un point sur l'espace prévu.) Exécutez des groupes de quatre points verticaux sur six fils et de deux points horizontaux sur cinq fils, en les alternant et en les décalant à chaque rangée, afin qu'ils soient disposés en quinconce (cheminez de gauche à droite pour que le fil passe sous les points verticaux).

Motif de droite (G3)
Brodez avec six brins du bleu le plus clair (628). Faites d'abord les colonnes verticales de points horizontaux. Commencez par le côté gauche en ne laissant que quatre fils non brodés entre ce motif et le motif central. Les colonnes situées sur les bords sont brodées sur trois fils du canevas, et celles situées à l'intérieur sur deux.

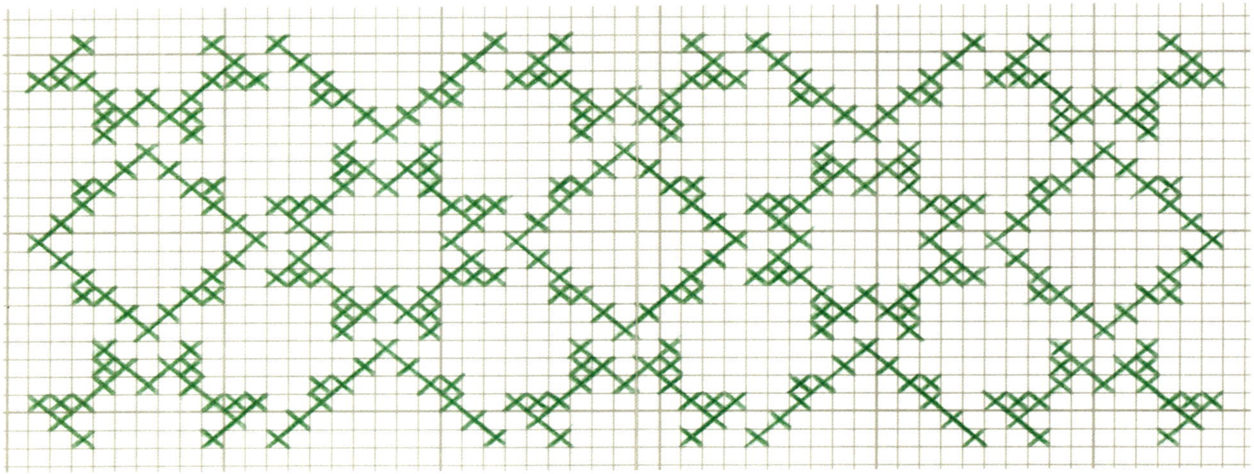

I

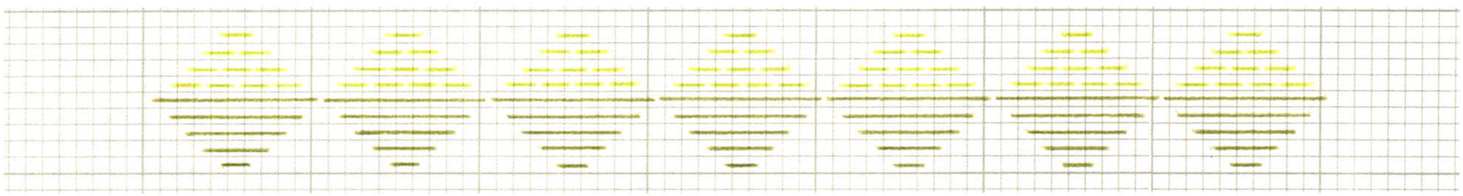

J

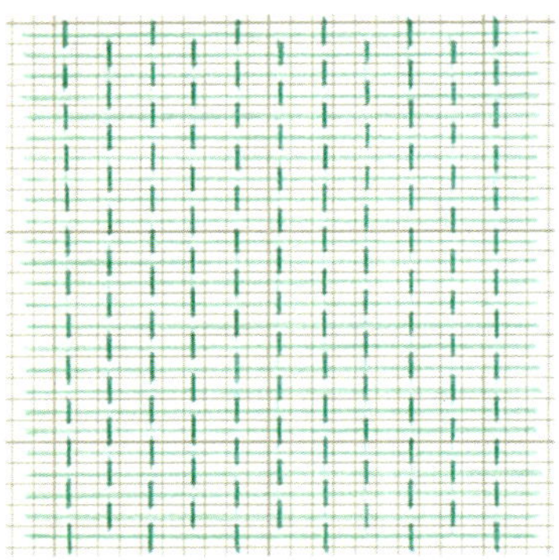

K1

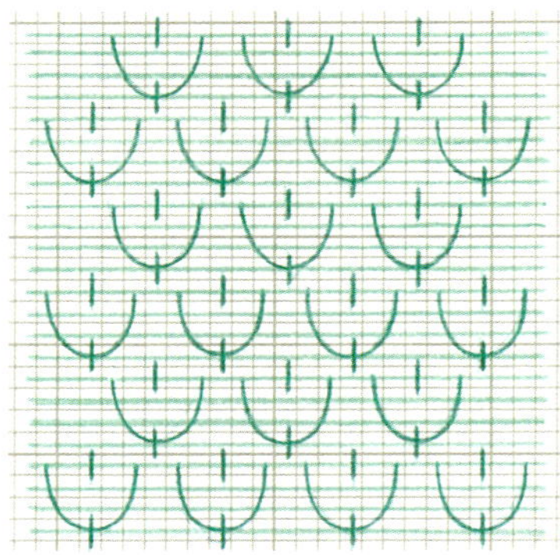

K2

K3

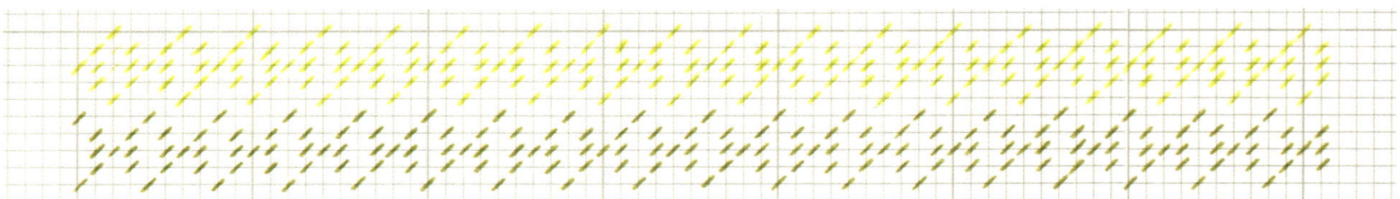

L

M

Code couleur

DMC/MS

- 501
- 3012
- 3013
- 926
- 928

Exécutez ensuite des groupes de quatre points sur quatre fils, en commençant en haut, à gauche, et en cheminant en diagonale.

Pavés brodés sur treillis (C1, C2, C3)

Pour ces trois pavés, utilisez deux bleus, 926 et 928. Commencez de préférence par le pavé du milieu, en faisant coïncider le centre avec la marque en fil de bâti. Chaque pavé est un carré comportant vingt-quatre fils. Un espace de quatre fils sépare les pavés.

Mise en place du treillis

Dans chaque pavé, mettez en place un treillis avec six brins de fil bleu clair (928). Brodez à longs points en diagonale, en cheminant de haut en bas, d'abord de gauche à droite, puis de droite à gauche (voir la grille de la page 65). Le treillis doit être entrecroisé pour le pavé du milieu et celui de droite, mais pas pour celui de gauche.

Pavé central (C2)

Une fois le treillis mis en place, exécutez des rangées verticales avec six brins du fil bleu le plus foncé (926). Cheminez de haut en bas et de bas en haut, en passant le fil alternativement sous et sur deux fils du canevas, et en décalant ces deux sortes de passage chaque fois que vous changez de rangée (voir le croquis page 65).

Pavé de gauche (C1)

Avec deux brins de fil 926, tendez des fils horizontaux d'un bord à l'autre du pavé en les passant sur et sous les fils du treillis. Ne piquez votre aiguille dans le canevas qu'au début et à la fin de chaque rangée.

Pavé de droite (C3)

Avec deux brins de fil, exécutez tous les quatre fils par-dessus le treillis, des rangées horizontales de points arrière sur deux fils. Brodez ensuite des rangées verticales en procédant de la même façon.

Pavés brodés sur fils couchés (K1, K2, K3)

Pour chaque pavé, avec six brins de bleu clair (928), tendez des fils horizontaux sur vingt-quatre fils du canevas. (Brodez toujours de gauche à droite pour que les grands points ainsi formés sur l'envers assurent une tension uniforme.) Brodez les points en bleu foncé au fur et à mesure, sauf indication contraire.

Pavé central (K2)

Utilisez six brins de fil bleu clair et quatre de bleu plus foncé. Le milieu du pavé devra être aligné sur le motif Œufs dans le panier situé immédiatement au-dessus, et séparé de lui par sept fils. Tendez une première fois le fil bleu clair de gauche à

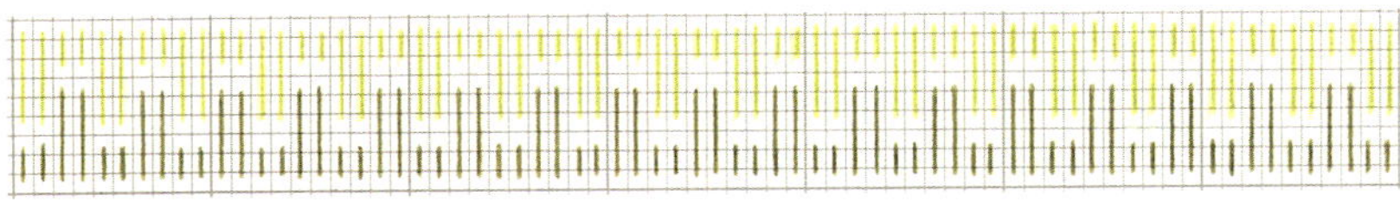

N

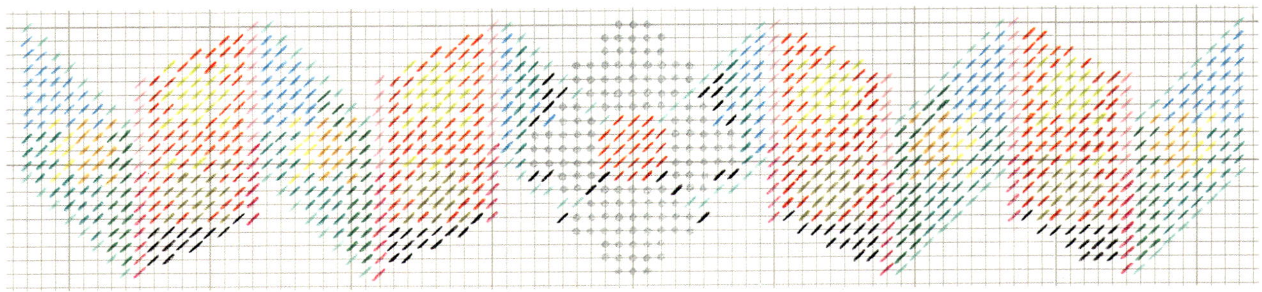

O

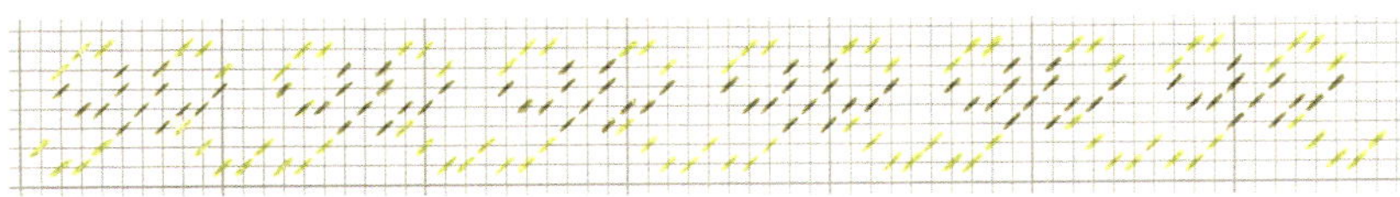

P

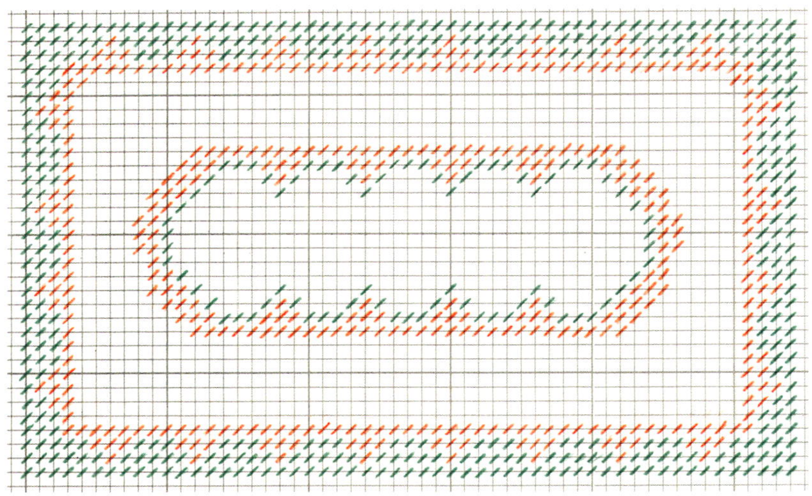

Q

Code couleur

DMC/MS

- Noir
- 648
- 352
- 353
- 754
- 948
- 3012
- 3013
- 676
- 677
- 501
- 926
- 927
- 928

droite. Avec le fil bleu foncé, rebrodez cette rangée en piquant votre aiguille tous les six trous (vous ferez donc trois points). Tendez les 2e, 3e et 4e fils bleu clair, et rebrodez en suivant le croquis de la page 23. Ce pavé comporte vingt-quatre rangées horizontales bleu clair.

Pavé de gauche (K1)
En utilisant les mêmes fils que précédemment, et en commençant en haut et à gauche du pavé, tendez une première fois le fil bleu clair. Rebrodez cette rangée avec le fil bleu foncé, à petits points verticaux exécutés sur deux fils, et séparés entre eux par quatre fils. Continuez en décalant les points verticaux à chaque rangée. La méthode la plus facile consiste à faire ressortir l'aiguille dans l'espace situé en dessous du fil horizontal, à la passer par-dessus, puis à la piquer dessous. Ce pavé comporte vingt-trois rangées horizontales bleu clair.

Pavé de droite (K3)
En utilisant les mêmes fils, tendez d'abord vingt-trois fils horizontaux bleu clair. Avec le fil bleu foncé, rebrodez des points verticaux tous les quatre fils, en commençant en haut du pavé, à deux fils du bord gauche. Toujours avec le fil bleu foncé, rebrodez la rangée horizontale du haut en croisant les 1er, 3e, 5e, etc., points verticaux, juste sous elle. Rebrodez la deuxième rangée horizontale de la même manière, mais en croisant cette fois les 2e, 4e et 6e, etc., points verticaux. Répétez ces deux rangées.

MOTIFS DÉCORATIFS

Point florentin triple (A)
Ce motif situé en haut du marquoir est à travailler entièrement avec neuf brins. Six fils de canevas le séparent du motif suivant. La grille a été établie pour le losange central et celui de droite, dont celui de gauche est la réplique. Tous les contours sont exécutés avec le fil 501. Pour les autres couleurs, suivez la grille.

Bouquet de fleurs (E)
Il est situé entre les triangles (D) et les gerbes (F), il est exécuté au petit point, les points de nœud blancs mis à part.

Pavé d'étoiles et de losanges (I)
Les zones brodées au point de croix sont exécutées avec six brins de fil bleu foncé 501. Le losange central est brodé au point gaufré et au point hongrois. Utilisez six brins de fil 353 pour les points en diagonale et six de fil 352 pour le point hongrois (voir croquis des points au chapitre Avant de commencer, page 22).

Brodez les deux étoiles situées de part et d'autre du losange central au point d'étoile tissé avec six brins du fil 353. Travaillez avec des aiguillées suffisamment longues pour ne pas avoir à les renouveler. Mettez en place les rayons, puis faites ressortir l'aiguille entre deux rayons. Faites passer le fil alternativement sur et sous les rayons, jusqu'à ce que l'étoile soit entièrement tissée.

Brodez les quatre losanges autour du losange central au point florentin espacé oblique (voir chapitre Avant de commencer, page 23). Tournez la grille de façon à la faire coïncider avec la zone à broder. Travaillez avec six brins du fil 677.

Pensées (M)
Le modèle de ce motif en grandeur réelle se trouve à la page 69. Il est à broder au passé plat empiétant, c'est-à-dire avec des points lancés juxtaposés de longueur variable. C'est un point de remplissage qui produit un effet de texture irrégulière.

Travaillez avec trois brins et une aiguille n° 24. Commencez par broder les contours des pétales au point fendu (semblable au point de tige, sauf qu'en son milieu l'aiguille divise le fil). Remplissez ensuite les zones ainsi délimitées.

Brodez les tiges au point de chaînette (voir chapitre Avant de commencer, page 22).

Ruban à fleurs (O)
Travaillez avec six brins, en utilisant les mêmes couleurs que pour le bouquet.

Motif rectangulaire (Q)
Brodez d'abord la bordure, puis avec six brins, les initiales et la date de votre choix.

Tapis

Tapis miniature

L'original qui a servi de modèle pour l'exécution de ce petit tapis se trouve toujours en Angleterre, dans le salon de musique de Harewood House (Yorkshire).

La façade du XVIIIe siècle de cette demeure est due à John Carr, architecte originaire de York, mais Robert Adams en a conçu le merveilleux décor intérieur qui est l'une des plus belles réalisations du célèbre artiste. Tout y porte la marque de son style, les plafonds, les sols, l'ornementation qui envahit presque toutes les surfaces planes, les panneaux en stuc et surtout les meubles chippendale.

Aucune modification ou presque n'a été apportée au salon de musique, et le décor du tapis d'Axminster rappelle le plafond classique de forme ronde. Le thème musical est repris un peu partout par les lyres, les flûtes et les trompettes sculptées dans le marbre de la cheminée, ainsi que par les panoplies d'instruments qui ornent la pendule en porcelaine de Sèvres, ou par divers tableaux représentant des musiciens et un groupe de brigands en train de jouer de la flûte.

Pour miniaturiser un objet, une maison de poupée par exemple, on adopte en général une échelle de 25 mm pour 30 cm. Il est toujours plus important, lorsqu'on se livre à un exercice de ce genre, de rendre l'impression générale que de restituer tous les détails. Cela ne serait possible dans ce cas qu'en travaillant sur la plus fine gaze de soie qui existe et qui comporte 48 fils tous les 2,5 cm. Les couleurs fraîches et vibrantes qu'a gardées l'original ont par ailleurs été adoucies, pour être en harmonie avec la nouvelle taille donnée à l'ouvrage.

À GAUCHE : *Pour broder un tapis de maison de poupée, le petit point est celui qui semble le plus approprié. D'autres, plus structurés, ne conviendraient pas en effet à une pièce miniaturisée.*

C

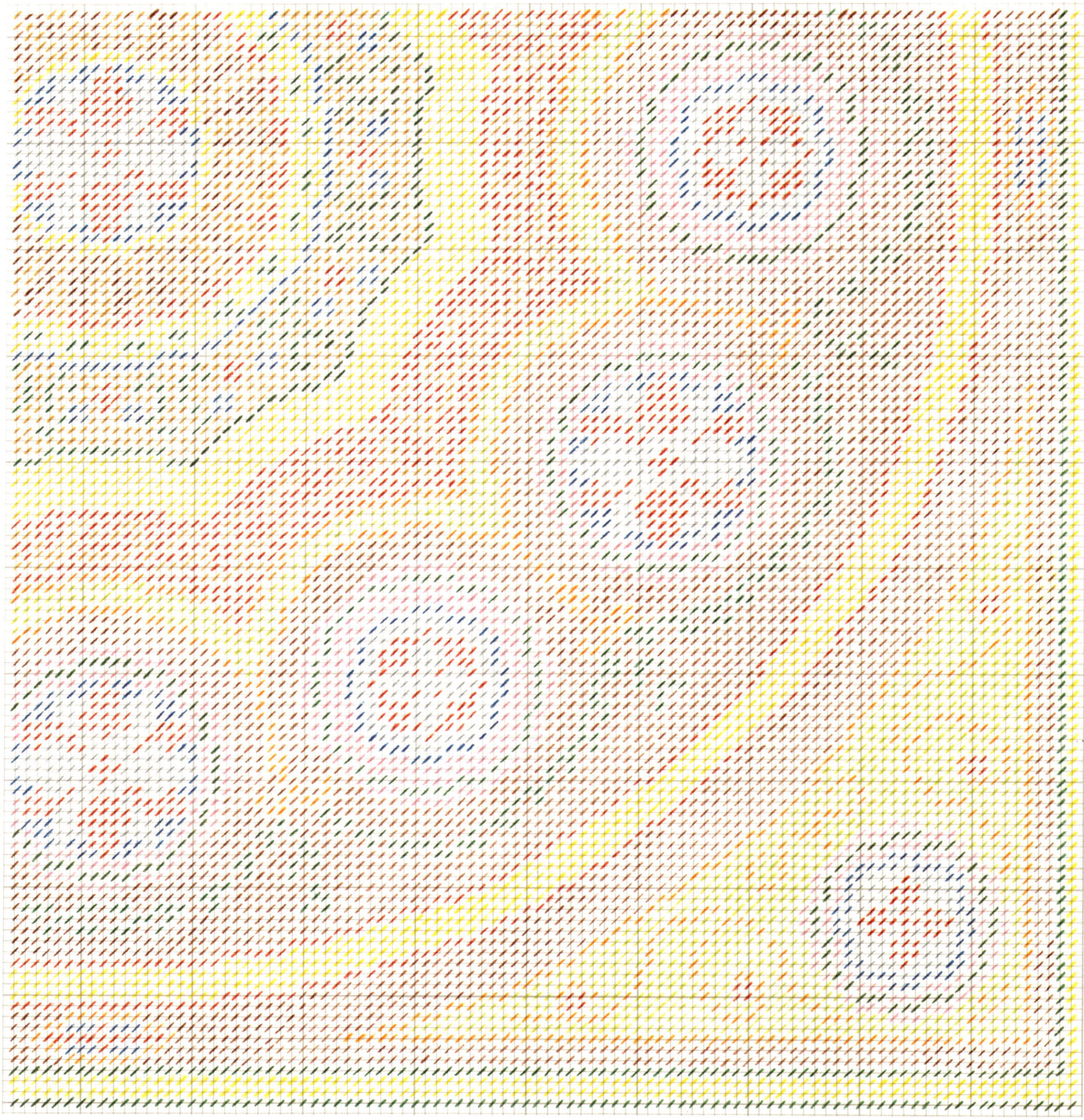

C

Code couleur

DMC/MS

- 822
- 223
- 819
- 841
- 676
- 842
- 677
- 3012
- 3013
- 932

Niveau

Moyen

Dimensions

19 x 25 cm

(Note : Si vous préférez un tapis carré, ne mettez pas les bordures qui encadrent le sujet principal sur deux côtés. L'ouvrage aura alors 19 x 19 cm.)

Fil/quantités

Mouliné Spécial DMC

N°	*Échevettes*
841	10
677	2
676	2
819	2
223	4
Écru	1
842	1
932	2
3012	2
3013	3

(Note : Sans la bordure, 8 échevettes du n° 841 et 3 échevettes du n° 223 suffisent.)

Aiguille N° 24

Canevas N° 24

Réalisation

1 Utilisez trois brins de Mouliné Spécial, que vous aurez eu soin de préparer en suivant les explications données page 15.

2 Faites coïncider le centre du canevas avec le centre de la grille, et suivez celle-ci en utilisant les couleurs indiquées.

3 La grille qui figure page 77 a été établie pour le quart inférieur droit de l'ouvrage. Commencez par travailler à cette zone. Vous aurez ainsi brodé le motif central jusqu'à la rangée exécutée avec le fil 3012.

4 Utilisez ensuite le fil 676 pour broder les festons vieil or, puis le fil 3012 pour broder les cercles festonnés vert olive.

5 Brodez les deux cercles roses (fil 223), puis les motifs d'angle, et enfin le motif rose (fil 223) situé entre les cercles vert olive et les festons vieil or.

6 Remplissez l'intérieur des cercles, puis travaillez au fond.

7 Si vous brodez les bordures, faites coïncider le centre de la grille avec le milieu du côté droit de votre travail, et suivez-la en commençant par l'arabesque. Reproduisez ensuite celle-ci sur la partie supérieure droite de votre ouvrage en l'inversant. Terminez par le fond.

8 En retournant la grille (ou votre canevas) de façon à la tenir tête en bas, travaillez au quart supérieur gauche du tapis, puis reproduisez les motifs sur le quart inférieur gauche en les inversant.

Tapis écossais

Il n'y a aucune commune mesure entre le canevas à grosses mailles employé pour cet ouvrage et celui extrêmement fin utilisé pour le tapis précédent. Vous découvrirez très vite que broder sur un canevas de gros calibre est très amusant. Le travail avance avec une rapidité extraordinaire, ce que vous comprendrez facilement si vous savez que le canevas fin contient 576 points par carré de 25 mm de côté, tandis qu'une zone équivalente du canevas à grosses mailles en comporte 49. Pour couvrir le carré de 20 cm de côté qui constitue le tapis miniature (bordures non comprises), il faut broder plus de 36 000 points. Le grand tapis à carreaux, qui mesure 97 x 149 cm, n'en demande qu'un peu plus de 100 000, et ne nécessite donc qu'à peine deux fois plus de travail.

Dans l'Antiquité, les Romains utilisaient déjà les motifs à carreaux. À notre époque, il existe des versions spécifiques à certaines régions d'Irlande, du Canada ou d'autres parties de la Grande-Bretagne, et de nouveaux dessins continuent à être créés et homologués. Les couleurs choisies pour un grand nombre de motifs conçus pour des États canadiens et américains sont symboliques ou empruntées à des emblèmes officiels représentant des fleurs ou des oiseaux. Seule une technique spéciale permet d'assurer le croisement correct des couleurs lorsqu'on brode les lignes horizontales et diagonales des motifs à carreaux (voir page 22).

À DROITE ET CI-DESSUS : *Libre à vous de ne pas mettre la bordure ornée de feuilles de chêne. Cependant, elle complète très bien le motif écossais, comme le ferait également un monogramme.*

NIVEAU Moyen

DIMENSIONS 97 x 149 cm

FIL/QUANTITÉS
LAINE MÉDICIS DMC

N°	*Échevettes*
8407	10
8409	18
8136	7
8501	12

AIGUILLE N° 18

CANEVAS N° 14

POINTS
Écossais, point de riz, point de croix asymétrique
(Note : Le fond sur lequel se détachent les feuilles de chêne pourrait être uni et brodé au petit point.)

RÉALISATION
1 Travaillez avec six brins de laine, sauf indications contraires.

2 Pliez le canevas pour en déterminer le milieu, puis marquez-en les bords horizontalement et verticalement.

3 Installez le canevas sur un cadre. En tenant le canevas dans le sens de la hauteur, inscrivez la lettre A dans l'angle supérieur gauche, et la lettre B dans l'angle supérieur droit. Tournez le canevas d'un quart de tour vers la droite, inscrivez un C dans l'angle qui se trouve maintenant en haut à gauche, et un D dans celui qui se trouve en haut à droite (le A et le D occupent ainsi le même angle).

4 Tournez le canevas pour que la ligne AB se trouve de nouveau en haut, et tracez au crayon des lignes joignant le point central à des points que vous déterminerez sur la droite, puis sur la gauche, en comptant le nombre de fils suivants : 34, 4, 36, 4, 53, 4, 4, et enfin 4.

5 À mesure de vos besoins, coupez les échevettes aux extrémités, sauf les échevettes bordeaux (8136) destinées à la zone centrale qui devront être coupées en trois parties égales. (Cette exception ne s'applique pas aux échevettes bordeaux qui serviront à broder les lignes extérieures, et qui seront coupées comme toutes les autres.) Certaines des rangées extérieures sont très longues : pour éviter les surépaisseurs sur l'envers, prenez soin d'espacer les endroits où vous renouvelez les aiguillées.

6 La technique à utiliser pour croiser les couleurs est spéciale, et vous ne la connaissez probablement pas. Vous aurez à compter tantôt les fils, tantôt les points. Suivez, pour ce faire, les indications à la lettre. Pour une couleur donnée, le nombre des rangées horizontales est exactement le même que celui des rangées verticales. Pour que le canevas soit plus facile à manipuler, il est pratique de le tourner d'un demi-tour de façon que le bord supérieur AB se trouve en bas et le bord inférieur en haut. (Attention, il ne s'agit pas de le tourner d'un quart de tour comme à l'étape 3 ; ce ne sera pas le bord marqué CD qui se trouvera en haut.)

SÉQUENCES À RÉPÉTER
1 rangée vive : 8136
2 rangées neutres : 8501
2 rangées claires : 8407
1 rangée vive : 8136
5 rangées foncées : 8409

PANNEAU CENTRAL
7 Bord AB en haut : à partir du point central, comptez horizontalement trente-trois fils vers la droite. Un fil vous séparera de la ligne au crayon. En laissant une queue de fil de 5 cm sur la droite, exécutez trente-trois points vers la droite en brodant un point sur deux. Cette rangée dépassera le point marquant le milieu et aboutira, sur la gauche, à un point de la ligne au crayon. Amenez le fil vers la gauche, sur l'endroit du travail.

8 Continuez à travailler de la même façon, vers le bas, en reproduisant la séquence indiquée plus haut (la rangée suivante est à broder avec le fil 8501). La deuxième rangée comporte trente-quatre points (un point de plus à chaque extrémité, ce qui donne un total de soixante-sept fils pour la largeur du panneau central). Vous devriez pouvoir broder les deux rangées 8136 avec une seule aiguillée. Comme la grille n° 1 le montre, le premier point bordeaux est séparé de la zone en 8136 et de la bordure en point de riz par un point.

9 Répétez la séquence six fois et ajoutez deux rangées supplémentaires en respectant l'ordre des couleurs (une rangée 8136 et une 8501). Les queues à la fin d'une rangée pourront être de temps en temps prises dans les points de riz de la bordure. Tournez votre travail et travaillez de la même façon, en terminant au même endroit. La zone brodée de cette façon mesurera approximativement 22 x 63,5 cm.

10 Le long des deux côtés du panneau central, exécutez une bordure au point de riz avec le fil 8409 (voir grille n° 1). Vous arrêterez toutes les queues qui dépassent en les emprisonnant dans ces points, après quoi vous pourrez les couper. Travaillez par zones successives en allant

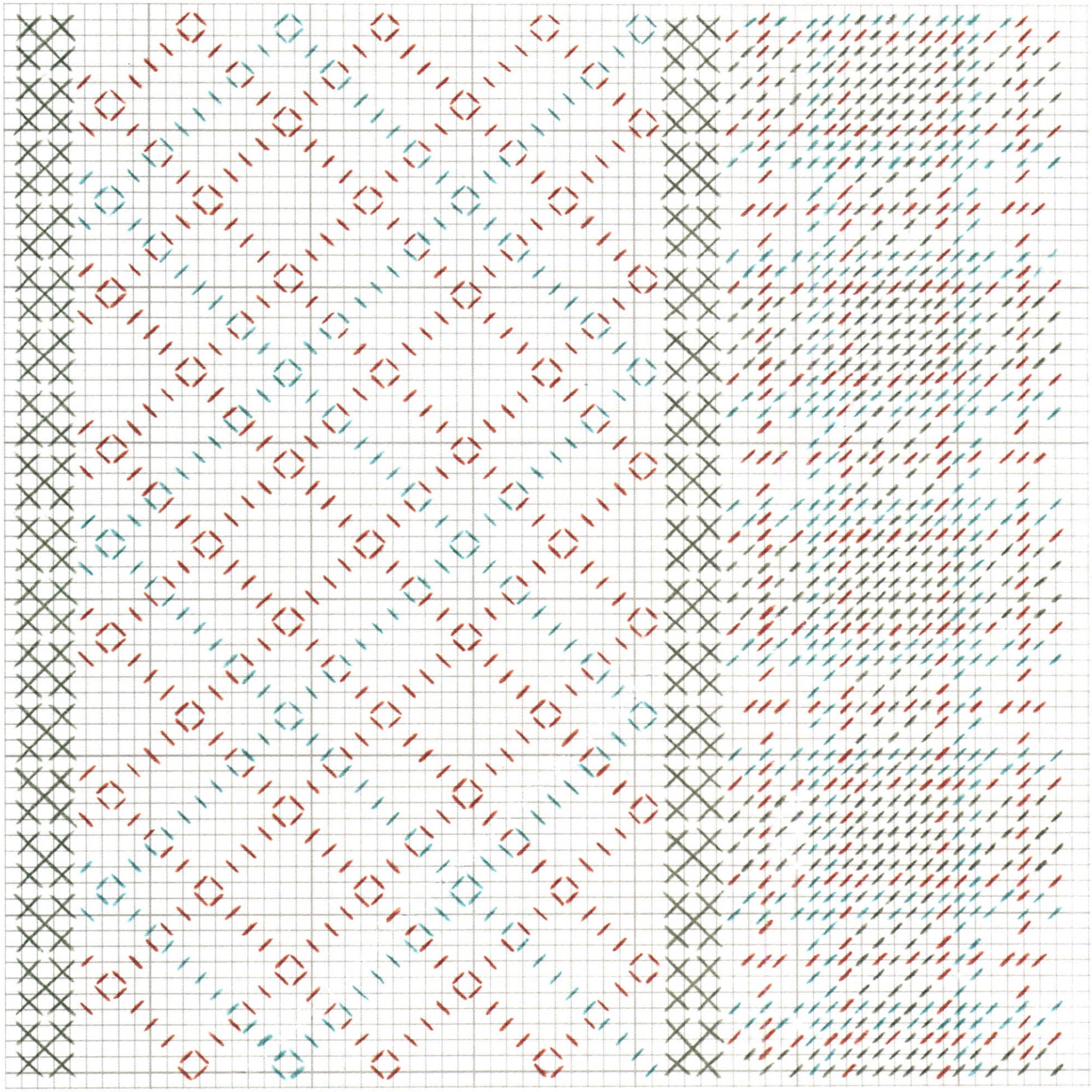

C

C3

CODE COULEUR

DMC/LM

- 8136
- 8409
- 8407

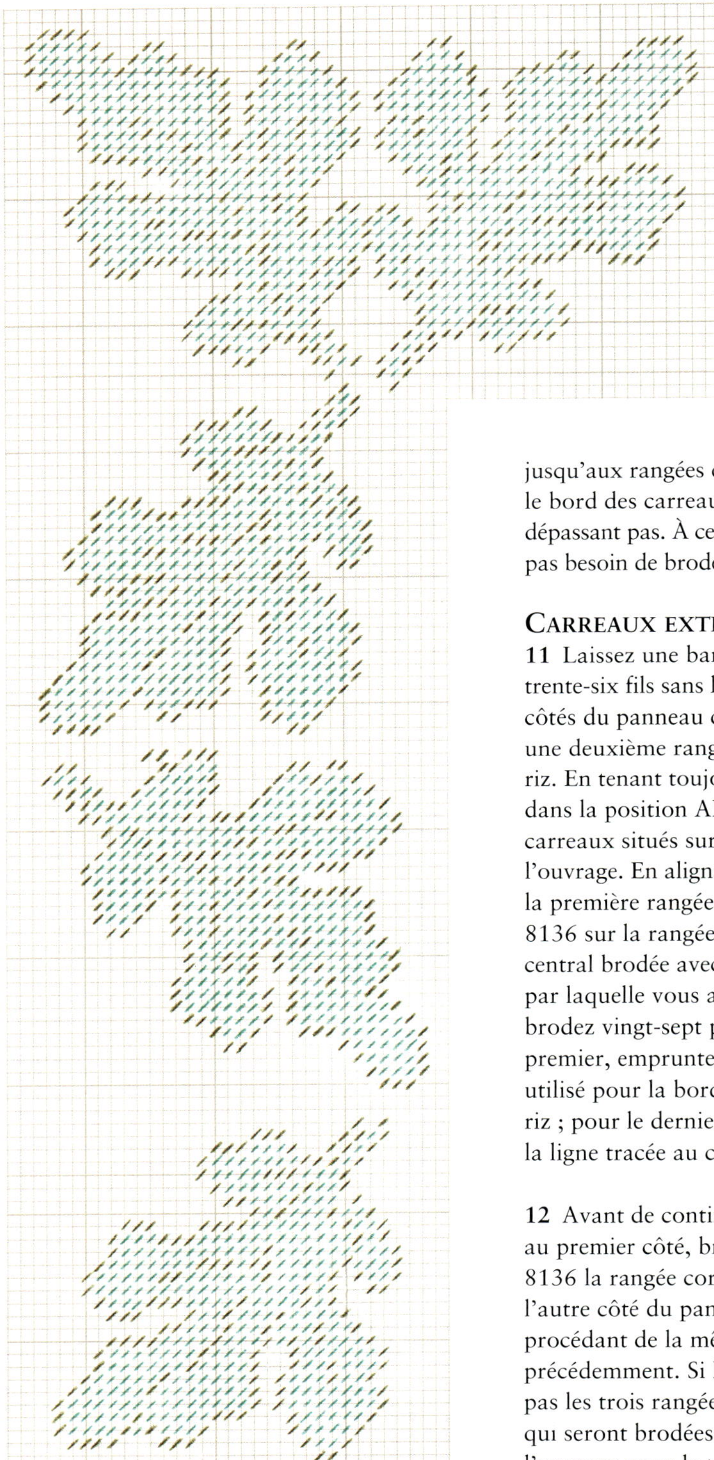

jusqu'aux rangées de points formant le bord des carreaux, mais en ne les dépassant pas. À ce stade, vous n'avez pas besoin de broder jusqu'aux coins.

Carreaux extérieurs

11 Laissez une bande de canevas de trente-six fils sans la broder des deux côtés du panneau central, et brodez une deuxième rangée de points de riz. En tenant toujours votre canevas dans la position AB, travaillez aux carreaux situés sur l'un des côtés de l'ouvrage. En alignant soigneusement la première rangée brodée avec le fil 8136 sur la rangée du panneau central brodée avec le même fil (celle par laquelle vous avez commencé), brodez vingt-sept points. (Pour le premier, empruntez l'espace déjà utilisé pour la bordure au point de riz ; pour le dernier, celui situé sur la ligne tracée au crayon.)

12 Avant de continuer à travailler au premier côté, brodez avec le fil 8136 la rangée correspondante sur l'autre côté du panneau central, en procédant de la même façon que précédemment. Si l'on ne compte pas les trois rangées de point de riz qui seront brodées tout autour de l'ouvrage pour le terminer, celui-ci a été délimité dans toute sa largeur. Terminez les deux zones de carreaux, en notant que la seconde rangée ne comportera que vingt-six points. Après avoir brodé quelques rangées, commencez, si vous le désirez, l'exécution du panneau central.

Panneau central

13 En tenant l'ouvrage dans la position CD, brodez le panneau central en commençant dans l'angle droit, à un point de celui-ci (il est déjà occupé par un point). Exécutez la séquence de la façon suivante : une rangée 8501, une rangée 8136, deux rangées 8501, etc., comme précédemment.

14 Terminez les deux séries de bandes au point de riz qui bordent les côtés des zones de carreaux, en laissant trente-six fils non brodés en haut et en bas, comme vous l'avez fait sur les côtés. Un point sur chaque côté n'est travaillé que sur trois fils.

Bordure extérieure

15 Tournez le canevas pour le remettre en position AB. Brodez au point de riz la zone située le long des côtés jusqu'au bord inférieur de la bordure intérieure, puis prolongez cette rangée qui sera la première des deux rangées exécutée avec le fil 8501. Brodez ensuite cinquante-deux autres rangées semblables en répétant la séquence. Il y aura cinquante-trois rangées en tout, et les deux dernières seront brodées avec le fil 8501. Tournez le canevas d'un demi-tour et répétez l'opération.

16 Tenez le canevas en position CD et, en partant de l'angle supérieur, brodez la séquence de la façon suivante : une rangée 8136, deux rangées 8501, etc. Brodez la zone tout entière de cette façon.

BORDURE DE FEUILLES DE CHÊNE

17 Le canevas en position AB, suivez la grille ci-contre pour les angles inférieur droit et supérieur gauche, et la grille de la page suivante pour les coins supérieur droit et inférieur gauche. Si les feuilles doivent se détacher sur un fond à carreaux, il vaut mieux à ce stade ne broder que leurs contours et leurs nervures. Utilisez pour cela six brins du fil 8409.

18 Le fond sur lequel les feuilles se détachent peut être exécuté au petit point avec le fil 8501, ou, comme sur la photographie, en carreaux obliques. Pour cela, brodez la séquence comme sur la grille n° 1, en commençant au milieu du long côté droit du tapis (1 rg 8407, 2 rgs 8501, 1 rg 8136, 4 rgs 8501, 1 rg 8136, 3 rgs 8501, 1 rg 8407, etc.). Chaque rangée est brodée en diagonale, comme dans le cas du petit point ; pour vous conformer à la grille, faites partir la première rangée du milieu du grand côté droit du tapis.

19 Répétez la séquence (voir page 80), en remplissant les intervalles entre les feuilles et en contournant celles-ci quand cela est nécessaire. (Vous comprenez pourquoi il est plus facile de compter les fils si cette zone n'a pas encore été remplie.) Tournez alors le canevas pour le mettre en position CD, et répétez l'opération. Comme sur le schéma, l'inclinaison des points est différente, mais l'ordre des couleurs est le même.

REMPLISSAGE DES FEUILLES

20 Décidez quel côté de la feuille ombrer, et utilisez six brins de 8407 pour le côté clair, et deux brins de 8409 mélangés à quatre brins de 8407 pour le côté foncé.

BORDURE EXTÉRIEURE ET FINITION

21 Bordez le tapis avec trois rangées de points de riz. Employez le fil 8409 pour la première et la troisième, et pour la deuxième, le fil 8409 pour le point de base et le 8407 pour les quatre points qui barrent la croix.

22 À dix fils de la première rangée au point de riz, faites un rentré en repliant le canevas sur l'envers de l'ouvrage. Marquez le pli en faisant coïncider les trous des deux épaisseurs de toile. Brodez deux rangées au point de riz en piquant votre aiguille à travers ces deux épaisseurs.

23 Terminez par une rangée de demi-points de croix exécutés sur deux fils, et égalisez le canevas à six fils de cette rangée finale. Pour empêcher le bord de s'effilocher, protégez-le avec de la sangle de tapissier.

CODE COULEUR

DMC/LM

- 8409
- 8407

Tapis au tigre et au lion

Cette charmante pièce a pu être datée grâce à une remarque faite par l'antiquaire chez qui elle a été achetée : elle faisait partie du trousseau de son arrière-grand-mère qui l'avait brodée avant de se marier, en 1870. Sans ce renseignement, il aurait semblé plausible de la faire remonter au début du siècle, époque où les dames aimaient à reproduire à l'aiguille les animaux – chevaux, lions et autres – qui figuraient sur les tableaux peints par George Stubbs.

Le caractère primitif du dessin indique que celui-ci est sans doute dû à la brodeuse elle-même plutôt qu'à un professionnel. Il n'en est que plus charmant, avec les fruits extraordinaires qui pendent d'arbres décoratifs, l'intérieur corail de la tanière du lion et la bordure de feuilles stylisées brodées au point de croix.

Une grille a été établie pour le tigre seul. Vous pouvez en faire une copie exacte ou agrandie. Un canevas n° 20 a servi à l'original, et la scène principale a été exécutée au petit point, sauf la crinière du lion représentée par des franges. On pourrait réaliser une magnifique paire de coussins en en décorant un avec le tigre, et l'autre avec le lion. Il faudrait alors inventer la partie du corps de ce dernier, qui est cachée par l'arbre.

Composer une bordure assortie à un dessin n'est pas toujours facile : les méthodes utilisées ici et celles employées pour l'ouvrage précédent illustrent deux solutions possibles. Pour le tapis écossais, les angles sont décorés par des groupes de feuilles. Si l'on décidait de changer les dimensions de l'ouvrage, on pourrait laisser ces motifs à la même place et modifier la distance entre les groupes. Dans le cas présent, comme il n'y a qu'une seule feuille dans chaque coin, en diminuant le nombre des feuilles, on rapetisserait la bordure ; on l'agrandirait au contraire en gardant le même nombre d'éléments et en augmentant les fils de canevas qui les séparent.

À GAUCHE : On ferait une paire de très jolis coussins avec le tigre et le lion qui ornent ce charmant tapis du siècle dernier.

CODE COULEUR

DMC/LM

- Noir
- Écru
- 8123
- 8104
- 8415
- 8313
- 8501
- 8405

NIVEAU Moyen

DIMENSIONS 145 x 82 cm

DIMENSIONS DU TIGRE PRIS ISOLÉMENT
36 x 26 cm

FIL POUR LE TIGRE
Laine Médicis DMC
et Mouliné Spécial DMC

AIGUILLE N° 20

CANEVAS N° 20

RÉALISATION
Si vous vous contentez de broder le tigre, suivez la grille en utilisant les couleurs indiquées. Pour copier la pièce tout entière, agrandissez le dessin de la partie centrale (voir schéma page 86) et reproduisez-le sur le canevas. N'indiquez que les montagnes, les troncs, les branches des arbres et non les détails. Faites appel à votre imagination pour créer les fleurs et les fruits. Commencez par broder le tigre en suivant la grille ci-dessous. Pour celle de la bordure, reportez-vous à la page 88.

FRANGE EN LAINE
Les tapis orientaux n'ont traditionnellement de frange que sur deux côtés. Cet ouvrage est au contraire entièrement entouré d'une épaisse

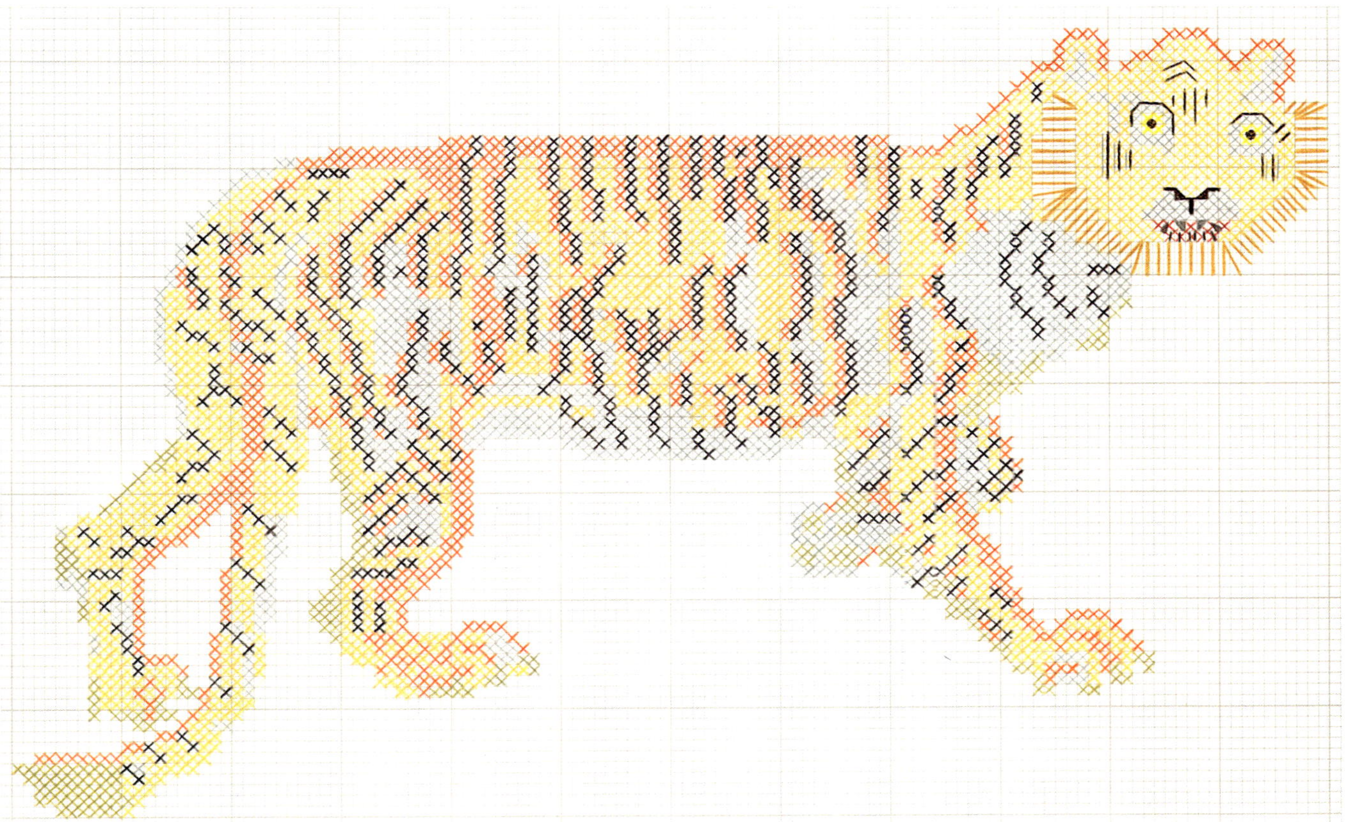

frange de laine, que l'on peut réaliser en utilisant des brins assortis à une ou deux des couleurs du dessin.

Une fois la broderie terminée, remettez l'ouvrage en forme, égalisez les bords du canevas, et doublez le tapis avec une toile grossière cousue à points couchés. Coupez des bouts de laine d'une longueur à peu près égale au double de celle prévue pour la frange (12 cm donneraient, par exemple, une frange d'environ 6 cm). Enfilez une aiguille avec un de ces bouts, en pliant le fil en deux et en faisant passer l'extrémité qui forme une boucle par le chas de l'aiguille. Plantez l'aiguille sur l'envers du tapis et faites-la ressortir dans un espace situé à deux fils du bord. Passez alors l'aiguille dans la boucle et tirez. Libérez ensuite l'aiguille, puis recommencez l'opération. Sautez entre chaque mèche de la frange un nombre de trous qui dépendra de l'épaisseur désirée.

Raccord sur cinq lignes

TENTURES

Bien que cette pièce ait été conçue pour être un tapis, elle ferait une superbe tenture. En fait, c'était le rôle qu'elle jouait dans le magasin d'antiquités où elle était suspendue et où nous avons été autorisés à la photographier. Ce ne sont que par les dernières finitions qu'une tenture diffère d'un tapis, elle ne comporte en particulier jamais de frange.

Décidez d'abord de la façon dont vous allez accrocher votre tenture. Si vous optez pour une tringle, choisissez-en une qui soit en cuivre, en fer forgé ou en bois poli, et qui se termine par des embouts décoratifs. La broderie pourrait y être suspendue par des pattes de tissu assorti, jouant le rôle d'anneaux, et même encadrée par une bordure de la même étoffe.

SUSPENSION INVISIBLE

Si vous préférez que le mode de suspension soit invisible, la meilleure méthode consiste à doubler la pièce avec un tissu de lin à armure très serrée, et à fixer à sa partie supérieure un gousset de la même étoffe dans lequel on glissera une tringle en bois ou en métal. Celle-ci sera accrochée au mur à l'aide de pattes de fixation qui seront dissimulées par la broderie. Ne vous contentez en aucun cas de coudre une série d'anneaux à enfiler sur une tringle car, entraînée par son propre poids, la broderie pendrait entre eux en faisant des plis disgracieux.

Si vous n'êtes pas très sûr que votre broderie restera dans l'état où elle se trouvait après la remise en forme, vous aurez peut-être avantage à la monter sur un support que vous borderez éventuellement avec une bande de tissu uni. L'épaisseur de ce support dépendra de la taille de l'ouvrage. Bien évidemment, plus il sera solide, plus la broderie aura de chance de ne pas se déformer.

Pour monter un ouvrage brodé sur un support, utilisez le même procédé que celui employé pour un tableau (voir page 56). Au cas où vous auriez prévu un cadre de tissu, coupez dans l'étoffe choisie une bande plus large de 5 cm que la bordure. Cousez-la à la machine tout autour de la broderie, après avoir cranté les coins et les avoir dégarnis. Disposez le tout sur un support en carton, et fixez par des points lancés d'un bord à l'autre, sur l'envers.

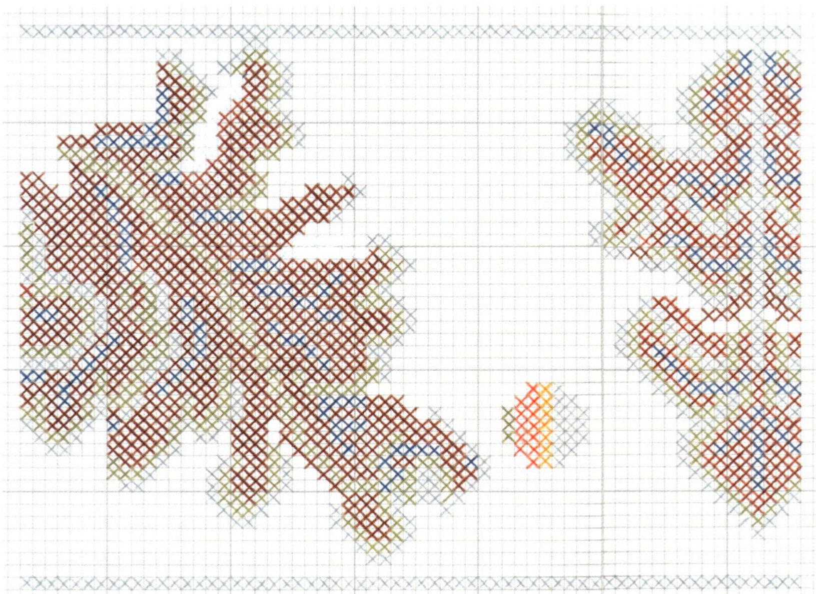

Raccord sur cinq lignes

CODE COULEUR

DMC/LM
Écru
8106
8320
8127
8129
8412
8713

Garnitures

Chaise victorienne

Les motifs de la broderie qui sert de garniture à cette chaise forment un ensemble particulièrement agréable. Leurs proportions harmonieuses s'accordent avec la forme du siège et leurs couleurs sont encore fraîches, surtout celles des volubilis. C'est pour ces fleurs que l'on a choisi d'établir une grille ici car, malgré leur bleu d'une merveilleuse intensité, elles sont rarement utilisées comme sujet de broderie.

Les arabesques qui entourent le motif floral sont habilement disposées, surtout celles qui envahissent le dossier du siège. Pour réussir une composition symétrique de ce type, la meilleure méthode consiste à commencer par la dessiner sur du papier millimétré. On peut aussi en tracer directement les contours sur le canevas, et la broder en faisant alternativement sur un côté et sur l'autre de petites séries de points identiques.

La jolie pièce présentée ici fait partie des collections du musée de Stranger's Hall (Norwich, Angleterre) ; dans le catalogue, elle est désignée sous le nom de « prie-Dieu ». Ce meuble avait souvent sa place dans les chambres à coucher : on s'y agenouillait, et le dossier en forme d'accoudoir servait à appuyer le livre de prière. Le siège des prie-Dieu était cependant plus bas, et leur dossier plus haut. Celui-ci est plus proche par ses proportions d'une chaise ordinaire. D'après l'opinion exprimée récemment par un visiteur français, il faudrait plutôt voir dans ce joli meuble une « chaise de voyeuse ». On plaçait ce genre de siège près d'une table à jeu ; une personne désireuse d'observer la partie en cours sans y participer s'y asseyait à califourchon et appuyait ses bras sur l'accoudoir.

À droite : L'ornementation florale de cette chaise que l'on peut voir à Norwich (Grande-Bretagne), au musée de Strangers'Hall, est très belle. Une grille établie pour les volubilis, qui en font en grande partie l'attrait, figure à la page suivante.

Code couleur

DMC/LM

- 8422
- 8381
- 4323
- 8128
- 8176
- 8324
- 8412
- 8411
- 8413
- 8993
- 8369
- 8208
- 8214

Raccord sur cinq lignes

Niveau
Moyen

Dimensions
20 x 15 cm

Fil
Laine Médicis DMC

Aiguille
N° 20

Canevas
N° 20

Point
Petit point

Réalisation
Suivez la grille avec les couleurs indiquées. (Elle comporte cinq lignes supplémentaires sur chaque page pour le raccord.)

La grille qui figure ici a été établie pour les volubilis qui forment le centre de la composition florale complexe ornant la chaise de l'époque victorienne.

Une telle broderie se prête à de nombreux usages. Si l'on veut en recouvrir une chaise, il vaut mieux confier ce travail à un tapissier, seul capable de l'exécuter d'une manière professionnelle.

Adaptation du dessin
Un motif aussi joli que celui-ci peut servir à orner une multitude d'objets, petits et grands. En l'entourant d'une bande de tissu de quelques centimètres de largeur, on en ferait un ravissant petit coussin, ou un plus grand en le cousant sur une housse et en l'entourant d'une

Raccord sur cinq lignes

ganse ou d'une tresse faite à la main (voir page 18) qui dissimulerait les bords du canevas.

On créerait un effet particulièrement réussi en bordant le canevas et le coussin de deux ganses de couleurs assorties à celles de la broderie, l'une pouvant être mince et l'autre plus épaisse. En donnant à l'une des ganses une longueur un peu plus grande que nécessaire, on pourrait former avec le surplus de petits groupes de boucles à fixer dans les quatre coins. Pour le fond, des points de reprise victorien ou continentaux obliques pourraient remplacer le petit point, surtout si la pièce est destinée à être à l'abri de l'usure.

BORDURES

Une autre manière d'agrandir cet ouvrage serait de l'entourer d'une bordure qui pourrait être une variante de celle utilisée pour le coussin à la tulipe (voir page 46) ou pour le coussin à motifs florentins (voir page 33).

Calculez toujours largement lorsque vous achetez du canevas, même quand l'ouvrage que vous avez l'intention de réaliser n'est qu'un simple coussin. Une marge de 5 cm est de toute façon nécessaire pour la remise en forme de la pièce et pour le montage. Soyez donc généreux, à moins d'être absolument sûr de vouloir omettre la bordure ou de connaître la largeur exacte de celle que vous projetez. Rien n'est en effet plus frustrant que d'être forcé de se contenter d'une bordure étroite, alors que l'on a découvert un superbe dessin qui compléterait admirablement le sujet que l'on vient de broder.

Pare-feu

De grands pare-feu décoratifs sont souvent placés devant les cheminées l'été, pour dissimuler le foyer vide. Il faut, pour les garnir, une broderie de grande taille (46 x 76 cm) mais la réalisation d'un tel ouvrage vaut la peine d'être entreprise ; le résultat peut être spectaculaire si l'on sait choisir l'ornementation appropriée. Des armoiries ou, si vous appartenez à un clan écossais, son emblème brodé sur un tartan sont d'un très bel effet.

La composition présentée ici est brodée au petit point, d'après un dessin établi pour un ouvrage en broderie de Berlin. (La grille de la grande rose située dans la partie inférieure droite se trouve à la page suivante.) Toutes sortes de points et de fils peuvent être utilisés pour exécuter un ouvrage de ce type qui n'est pas destiné à être manipulé, foulé au pied ou usé par des personnes qui s'assiéraient dessus. Le passé plat empiétant, le point de nœud ou la broderie sur fils couchés conviendraient parfaitement et, employés avec goût, les fils de métal donneraient d'excellents résultats.

Le fond pourrait même être laissé nu, comme dans le cas de cet ouvrage réalisé avec l'un des points de reprise victorien (voir page 21). Brodée sur canevas n° 24, la rose ornerait d'une manière charmante une pelote à épingles, et même un petit coussin si l'on utilisait un canevas n° 20 ou plus gros encore.

C'est à la manière dont la broderie est montée que ce pare-feu doit une grande partie de son charme. Sans le cache aux formes gracieuses qui dissimule une partie du canevas laissé vierge et semble soutenir le bouquet, l'ensemble aurait l'air inachevé. Il est indispensable que ce cache soit fait d'un carton épais car, de cette façon, le verre ne touche pas la broderie.

À DROITE : *En usage aux XVIIIe et XIXe siècles, les pare-feu du type de celui-ci servaient aux dames à se protéger le visage de la chaleur du feu, à une époque où leur teint se devait d'être délicat. On en ajustait la hauteur en les faisant coulisser sur leur pied.*

CODE COULEUR

DMC/LM

- 8713
- 8101
- 8223
- 8305
- 8422
- 8400
- 8411
- 8412

NIVEAU Débutant

DIMENSIONS

18 x 18 cm sur canevas n° 20

FIL/QUANTITÉS

Laine Médicis DMC

N°	*Échevettes*
8713	1
8223	1
8101	1
8411	1
8412	1
8422	1
8305	1
8400	1

AIGUILLES

N° 20 pour canevas n° 20
N° 22 pour canevas n° 24

CANEVAS N° 20 ou n° 24

POINT Petit point

RÉALISATION

Suivez la grille avec les couleurs indiquées.

ADAPTATION

La rose empruntée à la composition ornant le pare-feu ferait un sujet parfait pour un objet rond – un repose-pieds, une pelote à aiguilles, ou un coussin. Calculez généreusement les dimensions du morceau de canevas sur lequel vous broderez. Il devra être carré ou rectangulaire pour pouvoir être fixé sur un métier, et ne sera arrondi qu'une fois la broderie terminée.

Il est pratique, surtout dans le cas où l'on fait une bordure (qu'elle soit carrée, ronde ou hexagonale), de marquer le milieu du canevas et celui de ses quatre côtés par de petites croix au crayon. Une telle habitude facilite grandement le comptage des points. Évitez cependant de relier ces points par des lignes qui risqueraient de se voir, au cas où vous choisiriez un point à effet de dentelle pour remplir le fond.

CERCLES

Pour exécuter une broderie ronde, commencez par en indiquer la circonférence d'un léger trait de crayon, en évitant de passer sur les feuilles, les tiges et autres éléments du motif central. En travaillant avec deux aiguilles, commencez de la même façon que vous le feriez pour un hexagone et exécutez des groupes de points continentaux en épousant autant que possible la ligne au crayon. Le nombre des points formant ces groupes devra aller en décroissant et former des séquences du type 8, 6, 2, 2, 2, 1, 1, 1.

MOTIFS FLORAUX

Les fleurs ont tenu de tout temps une grande place dans les broderies. Elles étaient stylisées à l'époque élisabéthaine, interprétées très librement au XVIIe siècle, et réalistes pendant la période victorienne durant laquelle la mode exigeait la reproduction fidèle des roses, des volubilis, des marguerites et des jacinthes poussant dans les jardins. C'est pour sacrifier à ce goût que j'ai fait figurer dans ces pages un certain nombre de dessins de fleurs et de feuilles, que vous pourrez reproduire ou adapter. Libre à vous cependant de vous tourner vers d'autres sources d'inspiration, un papier peint ou un tissu par exemple. Un peu de patience vous permettra alors de créer une œuvre totalement originale.

Les modèles les plus faciles à imiter ou à adapter sont les fleurs qui ornent les papiers peints. Vous les découperez et les arrangerez d'une manière qui vous semblera satisfaisante – en petits bouquets, en guirlandes pour un entourage de monogramme, ou en groupes de trois ou cinq formant des motifs répétitifs à disposer en quinconce. Si vous pensez que la fleur que vous avez choisie produirait un meilleur effet avec une autre inclinaison, il vous suffira de la décalquer et de la retourner. (Cette méthode est utile pour établir une symétrie entre les fleurs d'un bouquet.) Si vous désirez utiliser des éléments de tailles variées, photocopiez une fleur plusieurs fois en l'agrandissant et en la réduisant, disposez les différentes versions obtenues comme vous le désirez sur du papier, et collez-les.

Si c'est à un tissu que vous faites des emprunts, vous préférerez sans doute décalquer vos modèles plutôt que de les découper. Vous procéderez ensuite de la même manière qu'avec les motifs prélevés sur le papier peint. Ces éléments ne seront cependant pas en couleurs, ce qui est évidemment un désavantage.

Chemin de table

À l'origine, cette jolie pièce servait à tirer la sonnette avec quelle on appelait les domestiques dans les demeures aisées. Un ingénieux système de fils métalliques reliait ce cordon à une batterie de cloches située dans la pièce réservée au personnel, dans le coin le plus reculé de la maison. Un panneau portant les mots « salle à manger », « salon rouge », « chambre de Madame »... indiquait pour chaque cloche la provenance de l'appel. La plupart des cordons de sonnette conservés intacts jusqu'à nos jours datent du XIXe siècle, fait attribuable soit à l'évolution des mœurs, soit à la disparition de ces objets, victimes peut-être des mites. Très ancienne, la pièce présentée ici est brodée avec de la laine sur un canevas particulièrement gros. Elle est ornée de fleurs isolées ou arrangées en gerbes et montées sur un fond de soie. Il est difficile de savoir si ces motifs étaient à l'origine entourés d'un canevas que l'usure aurait fait disparaître, ou s'ils avaient été conçus pour être appliqués sur diverses sortes de tissus.

En observant de près les fleurs qui ornent la pièce, vous remarquerez que les fils des morceaux de canevas sur lesquels les différentes parties sont brodées ne vont pas toujours dans le même sens. C'est pour cette raison qu'un dessin du motif tout entier a été fourni (voir pages 102-105), mais vous êtes libre de ne vous servir que de l'un de ses éléments. Cette broderie est à exécuter au petit point ou à tout autre point de votre convenance.

À DROITE ET CI-DESSUS : Ce beau chemin de table servait à l'origine de cordon de sonnette. Il est fait de pièces de canevas grossier, sur lesquelles sont rapportées des fleurs montées sur un fond de soie.

NIVEAU Moyen

DIMENSIONS
Le dessin est grandeur nature.

FIL
Laine Médicis DMC
N°
8208
8993
8381
8223
8101
8176
8128
8214
8305
8400
8324
8713

AIGUILLE N° 20

CANEVAS N° 20

POINT Petit point

RÉALISATION
Reproduisez le dessin fourni à la page suivante en utilisant les couleurs indiquées ci-dessus.

Quel que soit le point choisi – petit point, passé plat empiétant ou autre –, commencez par colorier le dessin, la suite des opérations en sera grandement facilitée. Comme les contours de la tulipe seront cachés au cours du travail, il vous faudra rendre le dessin de cette fleur plus net. Vous utiliserez, pour ce faire, au moins trois nuances d'une même couleur : la plus claire, pour le pétale central ; celle d'un ton moyen, pour les deux pétales latéraux ; et la plus foncée, pour l'intérieur de la fleur. Cette opération communiquera à l'ensemble une vie et un relief dont vous serez étonné.

Embrasses

Rien ne transforme des rideaux comme une paire d'embrasses. S'ils sont faits, comme ici, dans un coton naturel, un motif aux contours nets brodé sur ce type de lien fera merveille. Ainsi retenus, les rideaux formeront une courbe gracieuse en tombant devant la fenêtre, et n'arrêteront pas trop la lumière même s'ils sont très amples. Si leur étoffe est ornée de motifs floraux, vous pourriez en emprunter quelques éléments et obtenir un ensemble coordonné en les brodant sur les embrasses (voir page 99).

Ce type d'ouvrage est de petites dimensions, mais l'ornementation demande à en être composée avec soin. Les rideaux présentés ici ne sont faits chacun que d'un panneau mais ils sont doublés, ce qui augmente leur volume ; s'ils en comportaient plusieurs, il faudrait que les embrasses soient plus longues. Avant de couper le canevas ou de composer le dessin, il est judicieux de faire des essais avec une chute de tissu, afin de calculer la dimension de l'embrasse.

Les fleurs individuelles proposées dans les pages suivantes offrent l'avantage de pouvoir être espacées différemment selon les rideaux. N'oubliez pas qu'après les avoir brodées sur la première embrasse, il vous faudra les inverser quand vous travaillerez à l'autre, afin que la rose la plus foncée se trouve, là aussi, du côté du bord du rideau qui se trouve contre le mur.

Si vous ornez vos embrasses d'un motif central, placez celui-ci de telle manière qu'on puisse le voir tout entier lorsqu'on fait face à la fenêtre, c'est la disposition la plus heureuse. Pour arriver à ce résultat, prévoyez deux crochets pour chaque embrasse. Plantez celui auquel vous accrocherez la partie avant de l'embrasse sur le bord extérieur du cadre de la fenêtre, et l'autre derrière le rideau, mais plus près de la vitre.

À GAUCHE : Relativement faciles à broder, les embrasses transforment les rideaux. Ces fleurs, pour lesquelles une grille qui figure à la page suivante a été établie, se prêtent à toutes sortes d'arrangements.

C

Niveau Débutant

Dimensions
9 x 60 cm

Fil
Laine Médicis DMC

Aiguille N° 20

Canevas N° 20

Point
Petit point

Réalisation
Suivez la grille en utilisant les couleurs indiquées.

Autres idées
Les embrasses de tissu sur lesquelles on applique des motifs brodés sur du canevas sont, elles aussi, charmantes. Elles ont la forme de longues bandes qui s'évasent aux deux extrémités. On y brode le motif et on les double avec la même étoffe.

Choisissez un tissu assez épais et d'une armure assez serrée pour qu'il ne soit pas déchiré par le canevas. Les bords de celui-ci seront égalisés et ornés d'une broderie sur fils couchés semblable à celle utilisée pour le chemin de table de la page 100, pour maintenir la guirlande en place.

Une autre méthode, appelée technique du canevas intermédiaire, est également utilisable dans le cas des embrasses. Elle consiste à coudre le canevas sur un tissu de fond relativement raide et à broder le motif comme à l'ordinaire, mais en prenant soin de traverser le tissu de fond. Une fois le travail achevé, on retire soigneusement les fils du canevas et le motif apparaît sur le tissu de fond. Ce genre de broderie était à la mode à l'époque victorienne ; on peut encore se procurer aujourd'hui le canevas spécial utilisé pour l'exécuter. Je me suis moi-même servie avec succès de canevas ordinaire, mais il n'est utilisable que si le dessin n'est pas trop fouillé. Les marguerites qui figurent sur cette

C

CODE COULEUR

DMC/LM

- Noir
- Écru
- 8128
- 8132
- 8816
- 8101
- 8127
- 8327
- 8897
- 8904
- 8210
- 8208
- 8100

page conviendraient mieux, me semble-t-il, que les roses de l'ouvrage précédent.

MARCHE À SUIVRE

1 Choisissez un tissu relativement raide, qui n'ait pas tendance à se détendre, une laine peignée par exemple.

2 Coupez un morceau de canevas un peu plus grand que la surface à décorer et posez-le sur le tissu de fond. Cousez-le au point de bâti et montez le tout sur un cadre.

3 Brodez le motif comme à l'habitude.

4 Coupez les fils du canevas entre les éléments du motif, à l'aide de ciseaux pointus. Séparez les fils horizontaux des fils verticaux.

5 Saisissez les fils du canevas avec une pince à épiler et retirez-les délicatement les uns après les autres. Cette opération ne présentera pas de difficulté puisque vous aurez coupé le canevas entre les parties brodées.

RÉPÉTITION DE MOTIFS FLORAUX

Vous désirerez peut-être vous servir d'un seul motif floral, et le répéter pour en faire les éléments d'une composition plus vaste. Il vous faudra alors l'inverser. Vous pourriez, par exemple, vous servir de ce bouquet de marguerites (ou de toute autre fleur). Vous le reproduirez et alignerez les éléments obtenus en colonnes, en les inversant toutes les deux colonnes. Pour inverser un motif, copiez-le sur du papier millimétré en utilisant les mêmes couleurs que celles employées sur la grille qui figure ici, et en inclinant sur la droite tous les points penchés vers la gauche. Vous pouvez aussi décalquer le motif sur du papier transparent que vous poserez sur une table lumineuse ou contre une vitre, dos vers vous. Dessinez alors tous les points en changeant leur inclinaison.

Boîte au coquillage

Les pièces servant à couvrir les couvercles de boîte ont toujours compté parmi les ouvrages favoris des dames, surtout lorsqu'elles étaient exécutées au point de croix. Elles constituaient en fait le couronnement de l'éducation des jeunes filles, qui prouvaient ainsi leur compétence en tant que brodeuses.

Malgré son air moderne, ce coquillage brodé au point de croix, au petit point et au point de reprise victorien a été inspiré d'un dessin du XIXe siècle, époque où les tissus étaient souvent décorés de motifs marins, surtout les chintz imprimés. Trois coquillages entourés d'une bordure de feuilles figuraient sur le dessin d'origine que l'on date des années 1830. Ce genre d'ornementation, dont la mode faisait alors rage, se trouvait souvent sur les châles et figurait dans les pages de nombreux albums de modèles.

Les boîtes sont des cadeaux agréables à offrir, aux hommes comme aux femmes. Pièces de monnaie, boutons de manchettes et petits objets de toutes sortes y trouvent leur place. Un monogramme ou un motif, évoquant le contenu éventuel de la boîte ou la personne à laquelle elle est destinée, pourrait remplacer le coquillage, le fond et la bordure restant inchangés. Pour décorer une boîte d'une dimension ou d'une forme différente, il vous faudra centrer le motif et adapter la bordure en brodant au besoin cinq rangées de points de croix au lieu de trois (voir la grille page 113).

Ce genre d'entreprise n'est pas difficile à mener à bien car des boîtes accompagnées de baguettes cirées aux coins biseautés, prêtes à être fixées sur le couvercle, sont disponibles dans le commerce. Des explications précises concernant la marche à suivre se trouvent à la page 112.

À GAUCHE : Les boîtes font des cadeaux charmants que l'on peut offrir aux hommes comme aux femmes. Un coquillage orne le couvercle de celle présentée ici, mais il pourrait être remplacé par un monogramme ou par un motif évoquant son contenu.

Niveau
Moyen

Dimensions
19 x 12 cm

Fil/quantités
Laine Médicis DMC Art. 475
(échevettes de 25 m)
et Coton Perlé DMC n° 5

N°	*Échevettes*
Laine Médicis DMC	
8205	1
8207	1
8512	3*
8104	2
8176	1
8505	1
Coton Perlé DMC n° 5	
827	1
Écru	1

* Au cas où l'ouvrage serait brodé au petit point plutôt qu'au point de reprise victorien, comme sur la photographie, une échevette de plus serait peut-être nécessaire.

Aiguille N° 20

Canevas N° 20

Points
Point de croix, petit point, point de reprise victorien 2

Réalisation
1 Déterminez le milieu du canevas et indiquez-le par une petite croix au crayon. Installez-le sur le métier.

2 Suivez la grille n° 1 en centrant le coquillage et en utilisant les couleurs indiquées (trois brins de laine). Remplissez l'intérieur du coquillage avec le fil 8512. (Cette zone est laissée vide sur la grille.)

3 Exécutez les trois rangs de points de croix qui constituent la bordure en suivant la grille n° 2 (ci-contre, en bas). Ici le fond est brodé, avec deux brins de coton, au point de reprise victorien 2 (voir page 21).

Montage
4 Achetez une boîte accompagnée de baguettes de bois ciré aux coins biseautés et convenant aux dimensions du couvercle.

5 Une fois la broderie terminée, assurez-vous que ses dimensions correspondent exactement à celles de la boîte. Coupez le canevas à quatre fils de la partie brodée. (Laissez quelques fils de plus si la baguette est particulièrement large.)

6 Coupez un morceau de molleton aux dimensions du couvercle, diminuées de la largeur des baguettes. Posez-le sur le couvercle, placez la broderie par-dessus et assurez-vous que le dessin reste visible une fois les baguettes mises en place.

7 La présence du molleton modifiera quelque peu les dimensions de la broderie et empêchera les éventuelles irrégularités, causées par les fils dépassant sur l'envers du travail, de se voir. Si le dessin n'est pas entièrement visible, ajoutez une autre couche de rembourrage.

8 Collez le cadre sur la partie non brodée du canevas, et laissez sécher en maintenant fermement en place.

Initiales et monogrammes
La technique du canevas intermédiaire expliquée page 109 pourrait être utilisée pour les initiales et les monogrammes.

Code couleur

	DMC/LM	*DMC/CP*
(gris)		Écru
(rouge brique)	8104	
(orange)	8176	
(jaune)	8512	
(olive)	8505	
(bleu foncé)	8205	
(bleu clair)	8207	
(vert d'eau)		827

C
C

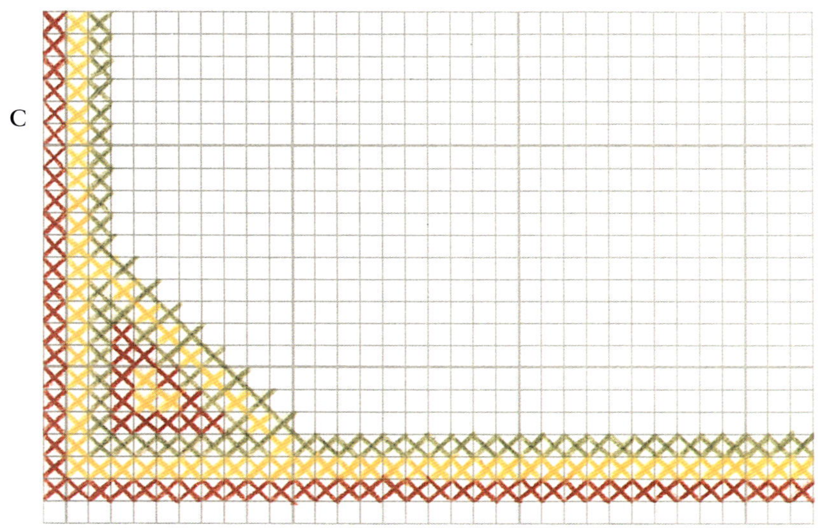
C
C

Nécessaire de broderie

Les instruments pour broder, et les sacs ou les boîtes où on les rangeait, constituaient des accessoires auxquels les dames de la bonne société attachaient autrefois beaucoup d'importance. Si raccommoder était une activité à laquelle il était peu convenable de se livrer en public, broder ce genre d'ouvrage était jugé frivole et donc tout à fait admissible.

Les très jolis instruments – ciseaux à broder, dés en argent, pelotes à épingles – que l'on utilisait ajoutaient à l'élégance et au charme d'une telle occupation. On est captivé par la beauté de ces objets quand ils sont anciens.

Les aiguilles étaient précieuses (on n'en possédait parfois qu'une seule, même dans les demeures aisées) et on les gardait dans des étuis d'ivoire, d'argent ou de nacre merveilleusement travaillés. À notre époque, on trouve plus pratique de se servir d'un petit carnet comme celui présenté ici. On y insère des « pages » de flanelle, dans lesquelles on plante les aiguilles. On l'accroche souvent à un ruban décoratif (parfois même à une étroite bande brodée), à l'autre extrémité duquel on accroche une paire de ciseaux. On passe le tout autour de son cou, et l'on a ainsi les instruments indispensables sous la main lorsqu'on travaille.

À DROITE ET CI-DESSUS : Aux XVIIIe et XIXe siècles, les nécessaires de broderie étaient des accessoires très importants. Ceux qui figurent ici montrent les effets que l'on peut créer avec des bordures et des motifs habilement combinés.

C

CODE COULEUR
DMC/LM
8314
8326
8127
8201

Nécessaire de broderie

NIVEAU Moyen

DIMENSIONS 42 x 24 cm

FIL/QUANTITÉS
Laine Médicis DMC

N°	*Échevettes*
8314	1
8326	1/2
8201	1
8127	1

AIGUILLE N° 20

CANEVAS N° 20

POINTS
Hongrois, florentin en diagonale, point de croix, petit point, point de riz.

(Note : La lettre C indique le milieu de la grille. Celle-ci comporte dix lignes supplémentaires de chaque côté, pour le raccord.)

RÉALISATION
1 L'ouvrage est à broder tout entier avec trois brins de laine.

2 Avant d'installer le canevas sur un cadre, déterminez-en le centre et joignez ce point aux milieux des bords par des lignes tracées au crayon.

3 Inscrivez le mot «haut» sur l'un des petits côtés du canevas.

4 En tenant l'ouvrage dans le sens indiqué et en partant du centre du canevas, comptez vers la droite, puis vers la gauche, quarante-deux fils, puis quatre, vingt-quatre et quatre. Répétez la même opération vers le haut et vers le bas en comptant cent, puis quatre, vingt-quatre et quatre. Vous aurez ainsi délimité un rectangle central de 200 x 84 fils entouré

C

de bandes de respectivement quatre, vingt-quatre et quatre fils.

5 Brodez la bande intérieure de quatre fils au point de riz, en utilisant alternativement les fils 8201 et 8127.

6 Brodez les deux grands motifs au point de croix à l'intérieur de ce cadre, en utilisant le fil 8201.

7 Brodez la deuxième bande de quatre fils avec le fil 8201.

8 Brodez les motifs de la bande de vingt-quatre fils au point de riz, en suivant la grille et en les espaçant comme indiqué. Remplissez le fond de cette bordure avec des points de riz et des points de croix.

9 Brodez les motifs au point florentin en diagonale (voir page 23) en partant du milieu du rectangle intérieur situé en bas de l'ouvrage. Suivez la grille et respectez l'ordre suivant : deux rangées 8201, une rangée 8326, une rangée 8127, une rangée 8326, deux rangées 8201, etc.

10 Brodez les rangées horizontales au point hongrois, en commençant au même endroit qu'à l'étape 9, et en utilisant alternativement les fils 8326 et 8314. Le premier point de chaque rangée sera exécuté sur quatre fils et partagera un espace avec la diagonale bleue, comme indiqué sur la grille.

11 Remplissez l'intérieur des grands motifs centraux et le fond de la bordure au petit point.

CONFECTION DU NÉCESSAIRE

La méthode la plus simple consiste, après avoir remis le canevas en forme comme à l'habitude, à y coudre une doublure à points couchés (la rayonne utilisée pour les robes peut convenir) et à en faire une pochette. Vous pouvez aussi imiter les ménagères d'autrefois qui mettaient tout ce qu'il leur fallait pour coudre et raccommoder dans un morceau d'étoffe qu'elles roulaient quand elles ne s'en servaient pas. Les soldats et les marins anglais étaient équipés de la même sorte de nécessaire. La version que vous en feriez avec votre broderie serait naturellement beaucoup plus élégante.

Remettez la broderie en forme. Coupez un morceau de doublure de la même dimension et cousez-y une étroite bande de tissu, en ménageant de petits goussets pour y glisser les écheveaux de laine ou de coton. Appliquez-y aussi un morceau de flanelle pour piquer les aiguilles. Fixez cette doublure au dos de la broderie à points couchés. Mettez vos accessoires dans ce nécessaire, dont l'utilisation vous donnera certainement beaucoup de plaisir.

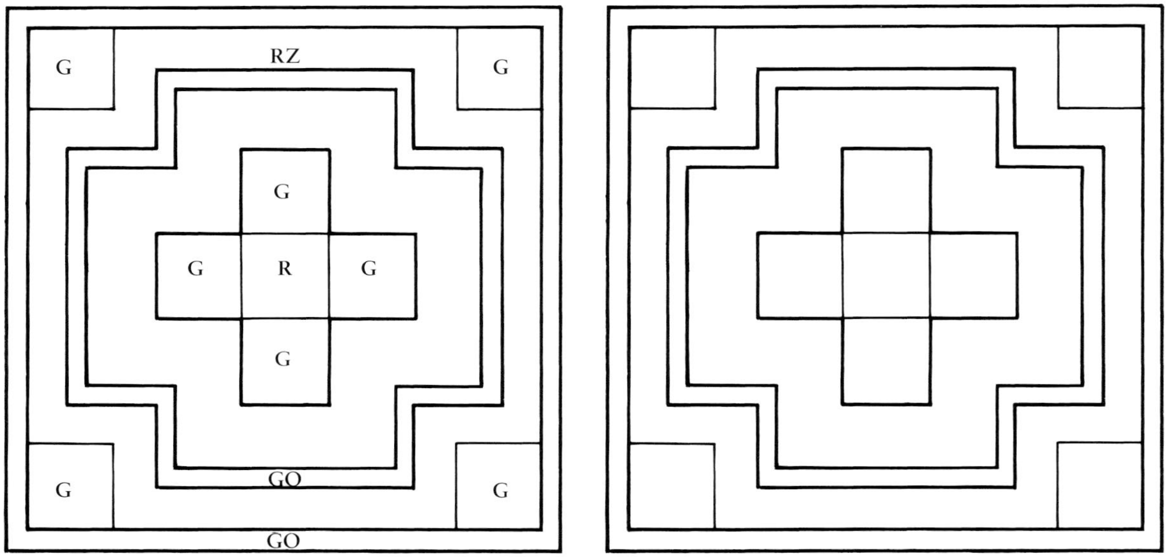

Étui à aiguilles

Cet étui à aiguilles comporte, à l'avant et à l'arrière, un panneau central où figure un motif de carreaux en biais semblables à ceux qui servent de fond aux feuilles de chêne du tapis écossais présenté page 78. Les petits articles de ce genre sont particulièrement réussis brodés en Coton Perlé.

Niveau Moyen

Dimensions 15,5 x 7,5 cm
(étui plié : 7,5 x 7,5 cm)

Points
Point gaufré, point de riz,
point écossais en biais,
gobelin oblique, point de Rhodes

Aiguille N° 22

Canevas N° 24

Fil/quantités
Coton Perlé DMC n° 5
et Mouliné Spécial DMC

N°	*Échevette*
Coton Perlé DMC	
Écru	½
3750	1
Mouliné Spécial DMC	
223	2

Réalisation

1 En tenant le canevas dans le sens de la largeur, suivez le schéma ci-dessus.
G = un point gaufré
R = un point de Rhodes
GO = un point gobelin oblique
RZ = un point de riz

2 Brodez les différents points (voir chapitre Avant de commencer, page 21) comme suit : point gaufré avec le Mouliné Spécial 223 ; point de Rhodes avec le Coton Perlé 3750 ; point de riz, les deux premiers points avec le Mouliné Spécial 223, et les points perpendiculaires avec le Coton Perlé écru. Utilisez un brin de Coton Perlé et six brins de Mouliné Spécial.

3 Exécutez ensuite les points gobelin oblique avec le Coton Perlé 3750. Les points situés de part et d'autre du centre, de chaque côté, doivent être inclinés dans des sens opposés.

4 Brodez les carreaux en biais en suivant les explications de la page 22.
Séquence :
- deux rangées de fil 223,
- quatre rangées de fil Écru,
- trois rangées de fil 3750,
- quatre rangées de fil Écru.

(Note : Brodez d'abord en tenant l'ouvrage dans la position AB, puis tournez-le d'un quart de tour et répétez la séquence, comme expliqué pour le tapis écossais.)

Confection de l'étui

1 Une fois la broderie terminée, retirez le canevas du cadre, pliez-le en deux (quatre fils doivent avoir été laissés nus au milieu) en veillant à faire coïncider les mailles des deux épaisseurs. Exécutez des points de croix asymétriques avec le fil 3750 sur cette ligne, qui constituera le dos du carnet.

2 Coupez le canevas en laissant six fils tout autour de la broderie. Faites un rentré et marquez-le avec le doigt. Doublez avec un morceau de tissu.

3 Coupez deux morceaux de feutrine ou de flanelle et faites-en quatre « pages » dans lesquelles piquer les aiguilles (elles ne rouilleront pas dans un tissu de ce genre).

4 Cousez les pages à l'intérieur du livre avec des points arrière exécutés le long d'une ligne médiane. Veillez à transpercer le canevas et pas seulement la doublure. Dans le modèle présenté ici, on a choisi un feutre assorti à la couleur de l'un des fils, mais une teinte écrue conviendrait aussi bien.

Accessoires de broderie

Les instruments servant à broder et les coffrets dans lesquels on les rangeait ont eu, de tout temps, une fonction décorative autant que pratique. Faits de matières semi-précieuses ou précieuses, ils étaient souvent ravissants. Au XVIIIe siècle – un peu plus tard, aux États-Unis – les nécessaires délicatement ouvragés jouèrent le rôle d'ornements pour les dames de la haute société, qui passaient une grande partie de leur temps à broder en bavardant avec leurs amies. Les instruments de base (rouets, fuseaux, métiers à tisser, dévidoirs, navettes) avaient toujours été présents même dans les logis les plus humbles, et les femmes aimaient travailler ensemble. On sait que, quand elle était prisonnière au château de Hardwick, Marie Stuart se distrayait en cousant en compagnie des dames de sa suite. À la même époque, en Amérique, les épouses des premiers colons, pour qui le gaspillage était un luxe interdit, tenaient des réunions d'« abeilles couseuses » au cours desquelles elles s'ingéniaient à trouver des moyens d'utiliser les moindres chutes de tissu.

Code couleur

	DMC/CP	*DMC/MS*
	Écru	
		223
	3750	

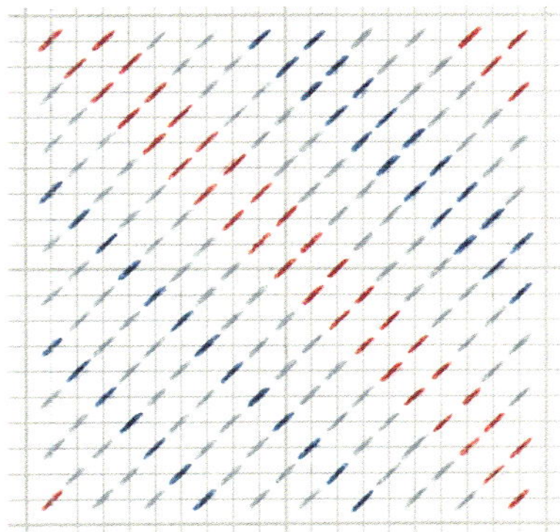

POS

Pochette fleurie

Faite d'un motif répétitif de fleurs bleues stylisées, l'ornementation de cette jolie pochette est utilisable pour d'autres sortes d'ouvrages. La bordure ornée de roses en guirlande peut sembler d'une grande complexité : on distingue en effet cinq éléments différents dans la seule partie qui apparaît sur la photographie. Cette ornementation est très discrète ; vous lui en préférerez peut-être une plus vigoureuse pour accompagner les fleurs bleues et garderez la délicate bordure pour l'utiliser ailleurs.

Le motif principal et la bordure ont été empruntés au marquoir de Mary Dowell (voir page 30). Les fleurs bleues y étaient brodées exactement comme elles le sont ici, mais la guirlande de roses se détachait en bordeaux sur fond crème. Il semble vraisemblable que l'épouse du pasteur ait suivi un ordre chronologique pour assembler les échantillons de sa collection et, d'après la place de celui-ci, il pourrait avoir été brodé entre 1840 et 1845.

À cette époque, les brodeuses puisaient leurs modèles dans les journaux féminins. L'un d'eux, le *Lady's Magazine* qui paraissait à la fin du XVIIIe siècle en Angleterre, avait pour sous-titre « Un amusant compagnon pour le beau sexe ». En Amérique, le *Godey's Lady's Book*, publié de 1830 à 1898, contenait d'excellents modèles de broderie pour confectionner des accessoires de toutes sortes, mais aucun n'est parvenu intact jusqu'à nous. Les lectrices déchiraient en effet les pages sur lesquelles ils se trouvaient, pour pouvoir les reproduire plus commodément. Au milieu du XIXe siècle, la plupart des magazines comportaient, glissée dans chacun de leur numéro, une feuille détachée sur laquelle figurait un modèle de broderie. Elles ont naturellement toutes disparu.

À GAUCHE : *Les fleurs bleues stylisées et les guirlandes de roses de la bordure de cette pochette ont été empruntées au marquoir de Mary Dowell. Libre à vous d'en remplacer la bordure discrète par une plus frappante.*

NIVEAU Facile

DIMENSIONS 23 x 11,5 cm

FIL
Laine Médicis DMC

AIGUILLE N° 20

CANEVAS N° 20

POINT
Petit point

RÉALISATION
Suivez la grille en utilisant les couleurs indiquées (cinq lignes supplémentaires de chaque côté pour le raccord).

CONFECTION DE LA POCHETTE
Très pratique, cette petite pochette est utilisable de bien des façons. Vous pourriez y ranger ce qu'il vous faut pour écrire ou coudre, y mettre vos produits de beauté ou votre argent. Remettez le canevas en forme comme à l'habitude, et doublez-le avec un tissu que vous choisirez en fonction de l'usage auquel vous destinez la pochette (une matière imperméable est, par exemple, à recommander pour une trousse de toilette).

Pliez l'ouvrage en deux et cousez-en les deux petits côtés au point de croix asymétrique (voir chapitre Avant de commencer, page 21) avec de la laine bleu foncé. Vous pouvez poser une fermeture à glissière si vous désirez fermer la pochette.

Code couleur

	DMC/LM		*DMC/LM*
■	Noir	■	8411
	Écru	■	8930
■	8102	■	8314
■	8221	■	8930
■	8224	■	8209
■	8422	■	8210
■	8412		

Adresses

DMC

Les fournitures DMC sont disponibles dans les merceries, les boutiques Imagine, les grands magasins et les magasins Loisirs et Création :
87, Centre commercial Euralille, 59777 Lille, tél. 20 51 39 01 ;
Centre commercial La Part-Dieu, 17, rue du Docteur-Bouchut, 69003 Lyon, tél. 78 60 05 89.
Pour connaître le nom des distributeurs des produits DMC dans la région que l'on habite, écrire à :
DMC, Service consommateurs, 13, rue de Pfastatt, 68057 Mulhouse, ou téléphoner au 89 32 45 28.

Magasins Imagine

15, rue des Belles-Feuilles, 75016 Paris, tél. (1) 45 53 02 61
126, rue de Courcelles, 75017 Paris, tél. (1) 46 22 22 46
87 ter, rue Didot, 75014 Paris, tél. (1) 40 44 98 77

Fils à broder DMC

Tableau de recherche des couleurs

Ce tableau vous permet de trouver rapidement dans la carte des couleurs reproduite ci-contre à quel numéro correspond une couleur. Les numéros des couleurs sont sur fond grisé et classés en ordre croissant. Les numéros en regard, sur fond blanc, vous renvoient à l'une des 26 colonnes de la carte des couleurs. La couleur recherchée s'y trouve.

ECRU	22	211	6	400	19	563	11	727	17	813	8	910	11	971	18	3347	12	3773	20
BLANC	22	221	5	402	19	564	11	729	16	814	2	911	11	972	18	3348	12	3774	20
B5200	22	223	5	407	20	580	14	730	14	815	2	912	11	973	18	3350	3	3776	19
48	24	224	5	413	23	581	14	731	14	816	2	913	11	975	19	3354	3	3777	20
51	26	225	5	414	23	597	9	732	14	817	1	915	4	976	19	3362	13	3778	20
52	24	300	19	415	23	598	9	733	14	818	3	917	4	977	19	3363	13	3779	20
53	26	301	19	420	16	600	4	734	14	819	3	918	19	986	12	3364	13	3781	22
57	24	304	2	422	16	601	4	738	21	820	7	919	19	987	12	3371	21	3782	22
61	26	307	17	433	21	602	4	739	21	822	22	920	19	988	12	3607	4	3787	22
62	24	309	3	434	21	603	4	740	17	823	8	921	19	989	12	3608	4	3790	22
67	25	310	23	435	21	604	4	741	17	824	8	922	19	991	10	3609	4	3799	23
69	26	311	8	436	21	605	4	742	17	825	8	924	10	992	10	3685	3	3801	2
75	24	312	8	437	21	606	18	743	17	826	8	926	10	993	10	3687	3	3802	5
90	26	315	5	444	17	608	18	744	17	827	8	927	10	995	9	3688	3	3803	3
91	25	316	5	445	17	610	15	745	17	828	8	928	10	996	9	3689	3	3804	4
92	25	317	23	451	23	611	15	746	16	829	15	930	7	3011	15	3705	2	3805	4
93	25	318	23	452	23	612	15	747	9	830	15	931	7	3012	15	3706	2	3806	4
94	26	319	12	453	23	613	15	754	1	831	15	932	7	3013	15	3708	2	3807	7
95	24	320	12	469	13	632	20	758	20	832	15	934	13	3021	22	3712	1	3808	9
99	24	321	2	470	13	640	22	760	1	833	15	935	13	3022	22	3713	1	3809	9
101	25	322	8	471	13	642	22	761	1	834	15	936	13	3023	22	3716	2	3810	9
102	24	326	3	472	13	644	22	762	23	838	21	937	13	3024	22	3721	5	3811	9
103	25	327	6	498	2	645	23	772	12	839	21	938	21	3031	22	3722	5	3812	10
104	26	333	6	500	11	646	23	775	8	840	21	939	8	3032	22	3726	5	3813	11
105	26	334	8	501	11	647	23	776	3	841	21	943	10	3033	22	3727	5	3814	10
106	26	335	3	502	11	648	23	778	5	842	21	945	20	3041	5	3731	3	3815	10
107	24	336	8	503	11	666	2	780	16	844	23	946	18	3042	5	3733	3	3816	10
108	26	340	6	504	11	676	16	781	16	869	16	947	18	3045	16	3740	5	3817	10
111	26	341	6	517	9	677	16	782	16	890	12	948	1	3046	16	3743	5	3818	11
112	24	347	1	518	9	680	16	783	16	891	1	950	20	3047	16	3746	6	3819	14
113	25	349	1	519	9	699	14	791	7	892	1	951	20	3051	13	3747	6	3820	17
114	25	350	1	520	13	700	14	792	7	893	1	954	11	3052	13	3750	7	3821	17
115	24	351	1	522	13	701	14	793	7	894	1	955	11	3053	13	3752	7	3822	17
116	24	352	1	523	13	702	14	794	7	895	12	956	2	3064	20	3753	7	3823	17
121	25	353	1	524	13	703	14	796	7	898	21	957	2	3072	23	3755	8	3824	18
122	25	355	20	535	23	704	14	797	7	899	3	958	10	3078	17	3756	8	3825	18
123	25	356	20	543	21	712	21	798	7	900	18	959	10	3325	8	3760	9	3826	19
124	25	367	12	550	6	718	4	799	7	902	5	961	2	3326	3	3761	9	3827	19
125	25	368	12	552	6	720	18	800	7	904	14	962	2	3328	1	3765	9	3828	16
126	24	369	12	553	6	721	18	801	21	905	14	963	2	3340	18	3766	9	3829	16
208	6	370	15	554	6	722	18	806	9	906	14	964	10	3341	18	3768	10	3830	20
209	6	371	15	561	11	725	17	807	9	907	14	966	12	3345	12	3770	20		
210	6	372	15	562	11	726	17	809	7	909	11	970	18	3346	12	3772	20		

Fils à broder DMC

Mouliné Spécial Art. 117 - **Coton Perlé** Art. 115 nº 3 ● nº 5 ○ – **Coton Perlé** Art. 16 ▲ nº 5 △ nº 8 ▽ nº 12

1

	3713
● ○ ▲ △	761
● ○ ▲ △	760
	3712
● ○ △	3328
● ○ △	347
● ○	948
● ○ ▲ △	754
● ○ ▲ △	353
● ○ ▲ △	352
● ○ △	351
○ ▲ △	350
● ○	349
○ △	817
● ○ △	894
● ○ ▲ △	893
● ○ △	892
○ △	891

2

○	963
	3716
○	962
○	961
● △	957
● ○ △	956
	3708
	3706
	3705
○ △	3801
● ○ ▲ △ ▽	666
● ○ ▲ △	321
○ △	304
● ○ ▲ △	498
○ △	816
● ○ ▲ △	815
○ ▲ △ ▽	814

3

○ △	819
● ○ ▲ △ ▽	818
● ○ ▲ △	776
○ ▲ △	3326
● ○ ▲ △	899
○ ▲ △	335
● ○ ▲ △	309
○	326
○	3354
	3733
○	3731
○	3350
● ○ ▲ △ ▽	3689
○ ▲ △	3688
● ○ ▲ △	3687
	3803
● ○ ▲ △	3685

4

	3806
	3805
	3804
● ○ ▲ △	605
○ ▲ △	604
● ○ △	603
○ ▲ △	602
● ○ △	601
○ △	600
	3609
	3608
	3607
● △	718
	917
● ○ △	915

5

● ○ △ ▽	225
● ○ △ ▽	224
● ○ △ ▽	223
	3722
	3721
● ○	221
○ △ ▽	778
	3727
○ △ ▽	316
	3726
○ △	315
	3802
● ○ ▲ △	902
▲ △ ▽	3743
○ △ ▽	3042
○ △	3041
	3740

6

● ○ ▲ △	554
● ○ ▲ △	553
● ○ ● △	552
● ○ ● △	550
● ○ ▲ △ ▽	211
● ○ ▲ △	210
○ ▲ △	209
● ○ ▲ △	208
○	327
	3747
○ △	341
○ △	340
	3746
○ △	333

7

○ △ △	794
○	793
	3807
○	792
○	791
● ○ ▲ △	800
○ ▲ △	809
● ○ ▲ △	799
● ○ ▲ △	798
● ○ ▲ △	797
● ○ ▲ △	796
○ △	820
▲ △ ▽	3753
	3752
● ○ ▲ △ ▽	932
○ ▲ △ ▽	931
● ○ ▲ △	930
	3750

8

	3756
○	775
● ○ ▲ △	3325
	3755
○ ▲ △	334
● ○ △	322
○ ▲	312
○ △	311
● ○ ▲	336
● ○ ▲ △	823
○	939
● ○ △	828
● ○ ▲ △	827
● ○ △	813
● ○ △	826
○ △	825
○	824

9

	3761
● ○ ▲ △	519
● ○ ▲ △	518
	3760
○ △	517
● ○ ▲ △	996
● ○ ▲ △	995
● ○ ▲ △	747
	3766
● ○	807
● ○ △	806
	3765
	3811
● ○	598
● ○	597
	3810
	3809
	3808

10

	964
○ △	959
	958
	3812
● ○ ▲ △	943
● ○ △	993
○	992
○ △	3814
● ○ △	991
● ○ △ ▽	928
● ○ △ ▽	927
	926
● ○	3768
● ○	924
	3817
	3816
	3815

11

● ○ △ ▽	504
	3813
○ △ ▽	503
● ○	502
● ○	501
● ○	500
	564
	563
	562
	561
● ○ △	955
○ ▲ △	954
● ○ △	913
○ △	912
● ○ ▲ △	911
○	910
● ○ ▲ △	909
	3818

12

○	966
○ △	369
● ○ ▲ △	368
● ○ ▲ △	320
○ ▲ △	367
○ ▲ △	319
● ○ ▲ △	890
● ○	989
○	988
● ○	987
○	986
	772
● ○ ▲ △	3348
● ○ ▲ △	3347
● ○ ▲ △	3346
● ○ ▲ △	3345
○ ▲	895

13

▲ △ ▽	524
	523
	522
	520
○	3053
○	3052
○	3051
	3364
	3363
	3362
● ○	472
● ○ △	471
● ○	470
● ○ △	469
● ○ ▲ △	937
○	936
○	935
○	934

14

○ △	704
● ○ ▲ △	703
● ○ △	702
● ○ ▲ △	701
● ○ △	700
● ○ ▲ △ ▽	699
● ○ △	907
○ ▲ △	906
● ○ △	905
● ○ ▲ △	904
	3819
● ○ △	581
● ○ △	580
● ○	734
○	733
● ○	732
	731
● ○	730

15

○	3013
● ○	3012
● ○ △	3011
	372
	371
	370
● ○	834
	833
● ○	832
	831
○	830
● ○	829
○ △	613
○	612
○	611
○	610

16

○	3047
● ○	3046
● ○	3045
○ △	422
	3828
○	420
○	869
● ○ ▲ △	783
● ○ △	782
○ △	781
● ○ △	780
● ○	746
● ○	677
● ○ △ ▽	676
● ○	729
	680
	3829

17

	3822
	3821
	3820
● ○ ▲ △	445
● ○ △	307
● ○ ▲ △	444
○	3078
● ○ △	727
● ○ ▲ △	726
● ○ ▲ △	725
▲ △ ▽	3823
● ○ ▲ △	745
● ○ ▲ △	744
● ○ ▲ △	743
● ○ ▲ △	742
○ △	741
● ○ ▲ △	740

18

● ○ ▲ △	973
● ○ ▲ △	972
● ○	971
	970
● ○ ▲ △	947
○ ▲ △	946
● ○ △	900
● ○ △	608
● ○ △	606
	3824
	3341
	3340
	3825
	722
	721
	720

19

● ○ ▲ △	922
○	921
● ○ ▲ △	920
○ ▲ △	919
● ○ △	918
● ○ △	402
	3776
● ○ △	301
○	400
● ○ △	300
	3827
● ○	977
● ○	976
	3826
● ○	975

20

	3770
● ○	951
● ○ △	945
	3774
● ○ △ ▽	950
	3773
	3064
● ○	407
	3772
● ○	632
	3779
● ○ △ ▽	758
	3778
● ○ △ ▽	356
	3830
● ○ △	355
	3777

21

● ○ ▲ △ ▽	712
● ○ ▲ △	739
● ○ ▲ △	738
● ○ △ ▽	437
● ○ ▲ △	436
○ △	435
● ○ ▲ △	434
● ○ ▲ △	433
● ○ ▲ △	801
● ○ △	898
● ○ ▲ △	938
○	3371
○	543
● ○ ▲ △ ▽	842
● ○ △	841
● ○ △	840
○	839
● ○	838

22

● ○ ▲ △ ▽	35200
● ○ ▲ △ ▽	BLANC
● ○ ▲ △ ▽	ECRU
○	3024
	3023
○	3022
	3787
○	3021
● ○ ▲ △ ▽	822
● ○ ▲ △ ▽	644
● ○ ▲ △ ▽	642
● ○ ▲ △ ▽	640
	3790
○ △ ▽	3033
	3782
	3032
	3781
	3031

23

○	453
	452
○	451
	535
○	3072
○	648
○	647
○	646
○	645
○	844
● ○ ▲ △	762
● ○ ▲ △ ▽	415
● ○ ▲ △	318
● ○ ▲ △	414
○	317
● ○ △	413
	3799
● ○ ▲ △ ▽	310

24

○ △	48
△	116
△	62
△	112
○ △	107
○ △	57
△	75
○ △	115
○ △	99
○ △	95
△	126
○ △	52
△	102

25

	124
○ △	93
	113
○ △	121
	103
△	67
○ △	91
△	123
△	125
○	101
△	114
○ △	122
○ △	92

26

△	94
○ △	104
○ △	90
○	108
○ △	51
△	106
△	111
○ △	61
○ △	105
△	69
○ △	53

DMC

TABLEAU DE RECHERCHE DES NUMEROS DE COULEURS

Ce tableau vous permet de trouver rapidement dans la carte des couleurs reproduite ci-contre à quel numéro correspond une couleur. Les numéros des couleurs sont classés en ordre croissant. Les numéros en regard vous renvoient à l'une des 10 colonnes de la carte des couleurs. La couleur recherchée s'y trouve.

Couleurs Nos	Col.	Couleurs Nos	Col.	Couleurs Nos	Col.	Couleurs Nos	Col.	Couleurs Nos	Col.	Couleurs Nos	Col.	Couleurs Nos	Col.	Couleurs Nos	Col.
BLANC	7	8122	3	8200	4	8305	6	8369	6	8419	7	8618	2	8871	6
NOIR	10	8123	3	8201	5	8306	10	8380	2	8420	7	8666	2	8877	2
ECRU	7	8124	3	8202	5	8307	8	8381	2	8421	7	8685	2	8895	3
NAVY	4	8125	10	8203	5	8308	8	8397	3	8422	6	8713	2	8896	3
8026	8	8126	1	8204	3	8309	6	8400	6	8426	5	8720	4	8897	5
8027	8	8127	1	8205	4	8313	8	8401	7	8427	5	8725	8	8898	5
8100	2	8128	1	8206	4	8314	8	8402	7	8484	8	8739	10	8899	4
8101	1	8129	1	8207	4	8320	10	8403	7	8500	10	8742	8	8904	5
8102	2	8132	1	8208	4	8321	10	8404	7	8501	10	8748	8	8908	8
8103	2	8133	1	8209	4	8322	10	8405	6	8502	10	8794	3	8930	5
8104	9	8134	1	8210	4	8323	7	8406	6	8503	10	8798	4	8931	5
8105	9	8135	1	8211	4	8324	7	8407	5	8504	10	8799	4	8932	5
8106	2	8136	3	8212	1	8325	7	8408	5	8505	8	8800	4	8940	8
8107	2	8139	1	8214	5	8326	7	8409	5	8506	3	8816	1	8941	8
8108	10	8151	2	8221	1	8327	7	8410	5	8507	3	8817	1	8955	5
8109	9	8153	2	8223	1	8328	7	8411	6	8508	3	8818	1	8993	4
8110	2	8155	2	8224	1	8331	3	8412	6	8509	3	8838	9	8995	4
8111	2	8164	9	8225	1	8332	3	8413	6	8512	8	8839	9	8996	4
8113	2	8166	9	8300	9	8333	3	8414	6	8514	8	8840	9	8997	4
8114	9	8168	9	8301	9	8341	6	8415	6	8515	8	8841	9		
8118	3	8173	9	8302	9	8342	6	8416	6	8567	5	8842	9		
8119	3	8175	9	8303	8	8344	6	8417	7	8610	10	8845	10		
8120	10	8176	9	8304	7	8346	6	8418	7	8611	10	8846	10		

FIL LAINE POUR TAPISSERIE DMC

Broder Médicis Art. 475-478 - carte de couleurs W 127 à consulter chez votre détaillant habituel

1	2	3	4	5	6	7	8	9	10
8139	8111 *(8101A)*	8118 *(7120)*	8800 *(7800)*	[8932]	8871 *(7871)*	8421	8314 *(8304A)*	8164 *(7164)*	8502
8129	8113 *(8103A)*	8119 *(8120A)*	8799 *(7799)*	[8931]	8369 *(7369)*	8420	8313 *(8303A)*	8166 *(7166)*	8504
8128	8107	8122	8798 *(7798)*	[8930]	8406	8419	8303	8168 *(7168)*	8501
8127	8106	8123	8899 *(7899)*	8214 (8204A)	8413	8418	8748 *(7748)*	8173 *(7173)*	8120
8126	8666 *(7666)*	8136 *(8124A)*	8720 *(7720)*	8203	8414	8417	8027 *(7027)*	8175 *(7175)*	8503
8132 *(7102)*	8103	8124	8211	8202	8415	8401	8026	8176 *(7176)*	[8611]
8133 *(7103)*	8102	8397 *(7397)*	8210	8201	8416	8402	8725 *(7725)*	8104	[8610]
8134 *(7104)*	8100	8896 *(7896)*	8209	[8427]	8405	8403	8484 *(7484)*	8114 *(8104A)*	8322
8135 *(7106)*	8110	8895 *(7895)*	8208	[8426]	8411	8404	8742 *(7742)*	8109	8321
[8818]	8151 *(7151)*	8794 *(7794)*	8207	8407	8412	BLANC	8941 *(7941)*	8105	8320
[8816]	8153 *(7153)*	[8331]	8206	8408	8422 *(8412A)*	ECRU *(8329)*	8940 *(7940)*	8302	8108
[8817]	8155 *(7155)*	[8332]	8205	8409	[8341]	8328	8908 *(7908)*	8301	8125
[8225]	8685 *(7685)*	[8333]	8200	8410	[8342]	8327	8515 *(8505A)*	8300	[8739]
[8224]	8381 *(7371)*	8509	NAVY	8567 (7567)	[8344]	8326	8514 *(8504A)*	[8842]	[8846]
[8223]	8380 *(7370)*	8508	8997 (7997)	8955 (7955)	[8346]	8325	8512 *(8502A)*	[8841]	[8845]
[8221]	8618 *(7618)*	8507	8996 (7996)	8904 (7904)	8305	8304	8505	[8840]	8306
8101	8877 *(7877)*	8506	8995 (7995)	8897 (7897)	8400	8324	8308	[8839]	8500
8212 *(7212)*	8713 *(7713)*	8204	8993 (7993)	[8898]	8309	8323	8307	[8838]	NOIR

[ ] Nouvelles nuances (...) Ancienne numérotation

[ ] Nouvelles nuances (...) Ancienne numérotation

Remerciements

Je désire remercier le musée de Strangers Hall de Norwich, et particulièrement Cathy Terry, pour l'autorisation que j'ai reçue de photographier la Chaise victorienne, le coussin Parterre, la Pochette fleurie, et celle d'adapter l'ornementation de la Boîte au coquillage ; Norah Tuck à qui le marquoir de Mary Dowell appartient ; le comte et la comtesse de Harewood qui m'ont autorisée à miniaturiser un de leurs tapis ; Alistair Sampson, antiquaire de Mount Street, Londres, qui m'a permis de photographier le Tapis au tigre et au lion et le Panneau à motifs de Delft.

Je suis également reconnaissante à Sara Stonor pour sa disponibilité et pour l'excellente manière dont elle a créé les nouveaux ouvrages ; à Pamela Clabburn qui a contribué à la datation de certaines pièces et a été une constante source d'inspiration ; à Philipe Cecile à qui je dois d'avoir identifié la chaise de voyeuse ; à la Oxford Gallery, Norwich, qui a encadré le Chat en broderie de Berlin et le tableau en perles ; et aussi à Chapel Yard pour les fleurs et les accessoires, à Nice Irma's, au tapissier Jane Turner, à la Natural Fabric Company, à VV Rouleaux, à Elm Hill Crafts et à Pat Cutforth.

Merci également à Helena et Raymond Turvey pour les excellentes grilles qu'ils ont établies ; à Margot Richardson pour la patience dont elle a fait preuve en éditant ce texte ; à Deena Beverley et Tim Imrie pour leurs merveilleuses photographies ; à tout le personnel de Mitchell Beazley et à mon agent Fiona Lindsay.

Je n'oublie pas l'aide que m'a apportée Patrick, mon mari, qui a, entre autres, vérifié les couleurs des fils, ni Melinda Brown qui a dirigé l'atelier pendant que je brodais et écrivais, ni enfin Joy grâce à laquelle je n'ai jamais manqué de café !

Anna Pearson, 1996

Quelques-uns des modèles qui figurent dans ce livre sont disponibles en kits. Pour plus de renseignements, écrire à Pearson Design, Keswick Mill, Norwich, Norfolk, Grande-Bretagne.